# 歴代オリンピックでたどる
# 世界の歴史
## 1896▶2016

「歴代オリンピックでたどる世界の歴史」編集委員会＝編

山川出版社

# 地図でわかるオリンピック

## 夏季大会開催都市

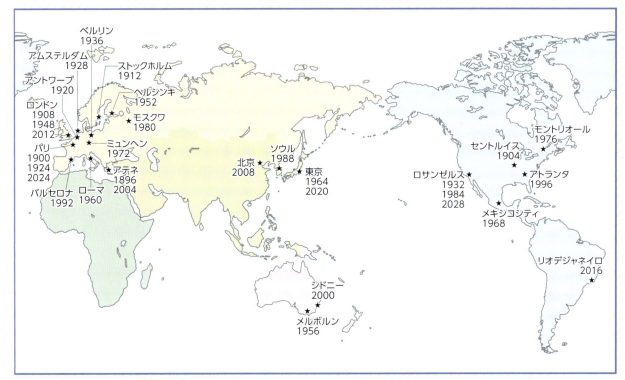

注／開催が決定している未開催都市も含む

## 夏季大会立候補都市

注／開催都市は除く

## 冬季大会開催都市

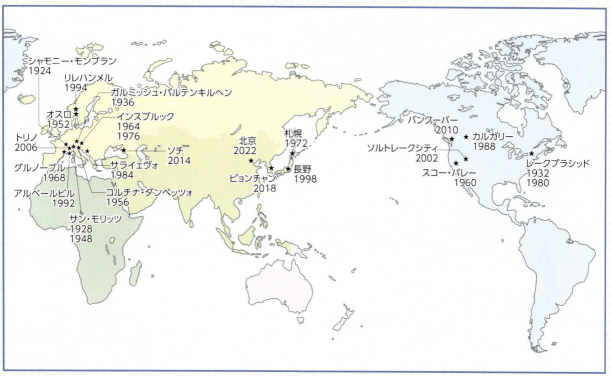

注／開催が決定している未開催都市も含む

## 冬季大会立候補都市

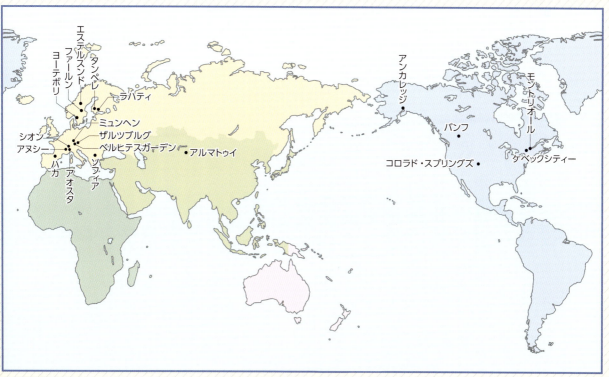

注／開催都市は除く

# データでわかるオリンピック

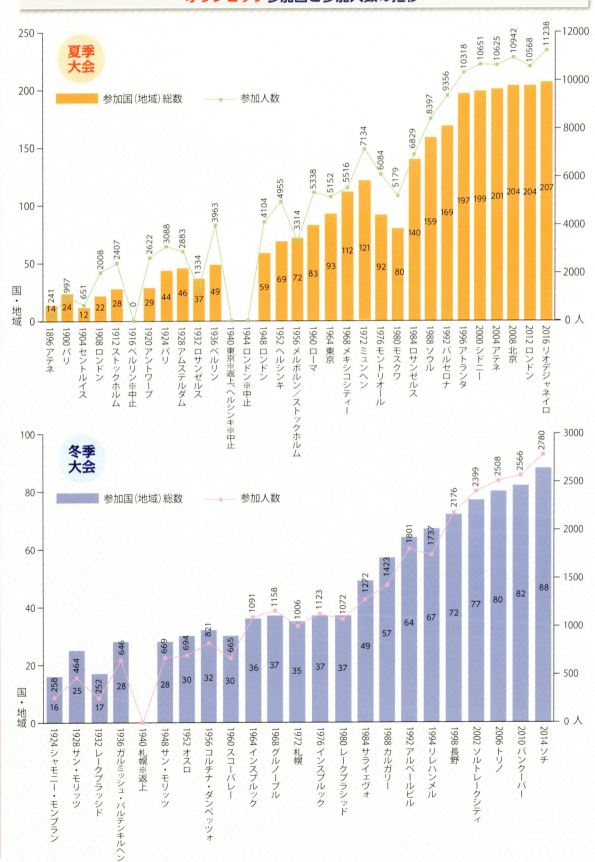

オリンピック参加国と参加人数の推移

# パラリンピック参加国と参加人数の推移

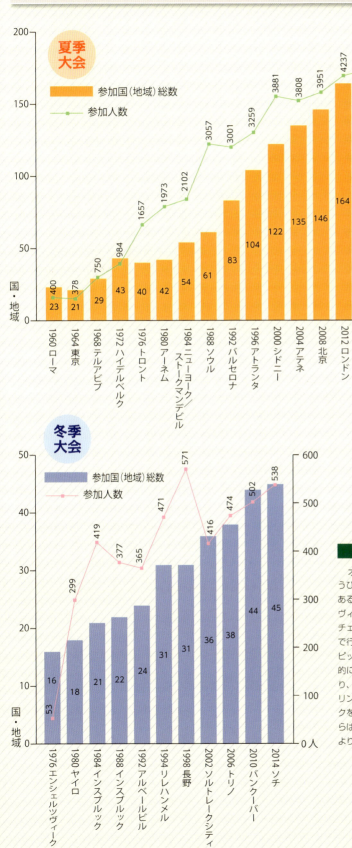

## パラリンピックとは

オリンピックとは障害者による世界最高のスポーツ大会で、「もうひとつの（Paralle）オリンピック（Olympic）」という意味である。1948年にイギリスのストーク＝マンデビル病院でルードヴィッヒ＝グットマンが開催した16人の車いす患者によるアーチェリー大会が起源で、その後も大会を重ね、1960年にローマで行われた国際ストーク＝マンデビル大会が後に第1回パラリンピックと呼ばれるようになった。1988年のソウル大会から本格的にオリンピックとパラリンピックが連動して行われるようになり、2000年にIOCと国際パラリンピック委員会（IPC）が「オリンピック開催地はオリンピック終了後、引き続いてパラリンピックを開催する」という合意に達した。2012年のロンドン大会からは「オリンピック・パラリンピック」と併記されるようになり、より競技性が強まっている。

# データでわかるオリンピック

## 歴代オリンピック実施競技数と女子競技数

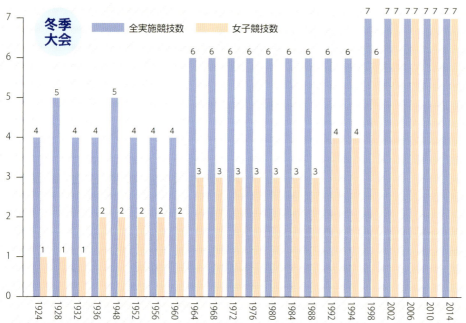

| 夏季大会 | 女子選手の参加が可能になった競技 |
|---|---|
| 1900 | テニス、ゴルフ |
| 1904 | アーチェリー |
| 1912 | 水上競技 |
| 1924 | フェンシング |
| 1928 | 陸上、体操 |
| 1948 | カヌー |
| 1952 | 乗馬 |
| 1964 | バレーボール |
| 1976 | ボート、バスケットボール、ハンドボール |
| 1984 | 射撃、自転車 |
| 1988 | テニス、卓球、セーリング |
| 1992 | バドミントン、柔道、バイアスロン |
| 1996 | サッカー、ソフトボール |
| 2000 | ウェイトリフティング、近代5種、テコンドー、トライアスロン |
| 2004 | レスリング |
| 2012 | ボクシング |

| 冬季大会 | 女子選手の参加が可能になった競技 |
|---|---|
| 1924 | スケート |
| 1936 | スキー |
| 1964 | リュージュ |
| 1992 | バイアスロン |
| 1998 | アイスホッケー、カーリング |
| 2002 | ボブスレー |

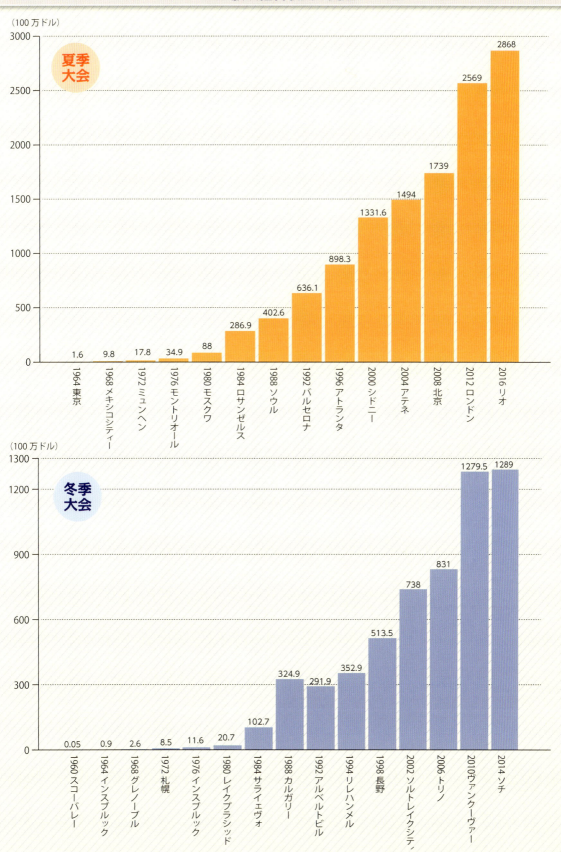

# 「歴代オリンピックでたどる世界の歴史」　目次

Page

2 ●**巻頭**
地図とデータでわかるオリンピック

## Ⅰ　帝国主義下のオリンピック

12 ●**1896　第1回　アテネ大会**
**TOPICS** 近代オリンピックの始まり／100mの優勝タイムは12秒0　ほか
**国際情勢** CLOSE UP①「ビスマルク体制」とその崩壊 CLOSE UP②アメリカの大国化
CLOSE UP③帝国主義と植民地 CLOSE UP④欧米の文化、科学の発展

18 ●**1900　第2回　パリ大会**
**TOPICS** 万国博覧会に吸収される／女子選手が初参加　ほか
**国際情勢** CLOSE UP①イギリスのインド侵略と統治 CLOSE UP②列強による東南アジアの植民地化

22 ●**1904　第3回　セントルイス大会**
**TOPICS** ヨーロッパを離れ、初のアメリカ大会開催
**COLUMN** 1度だけ行われた中間年大会
**国際情勢** CLOSE UP①アフリカの植民地化 CLOSE UP②帝国主義対立の変化
CLOSE UP③日露戦争前後の国際関係 CLOSE UP④万国博覧会の歴史

26 ●**1908　第4回　ロンドン大会**
**TOPICS** 各国内のオリンピック委員会ごとの参加となる　ほか
**COLUMN** 42.195kmのマラソン
**国際情勢** CLOSE UP①オスマン帝国の領土縮小 CLOSE UP②19世紀のイラン、アフガニスタン
CLOSE UP③太平洋の分割

30 ●**1912　第5回　ストックホルム大会**
**TOPICS** 日本がオリンピック初参加　ほか
**COLUMN** 整備された競技種目
**国際情勢** CLOSE UP①列強による中国の分割 CLOSE UP②義和団事件と8ヵ国共同出兵 CLOSE UP③辛亥革命

## Ⅱ　大戦と民族運動下のオリンピック

36 ●**1916　第6回　ベルリン大会【中止】**
大会中止までの経緯
**国際情勢** CLOSE UP①バルカン半島の危機 CLOSE UP②第一次世界大戦前の国際関係
CLOSE UP③第一次世界大戦中のヨーロッパ

38 ●**1920　第7回　アントワープ大会**
**TOPICS** 第一次世界大戦で戦火にまみれたベルギーで開催／史上最大の大会に　ほか
**COLUMN** 初のメダリストは商社マン
**国際情勢** 第一次世界大戦後の世界 CLOSE UP①パレスチナ問題の端緒となったイギリスの戦時外交
CLOSE UP②第一次世界大戦後の世界秩序

42 ●**1924　第8回　パリ大会**
**TOPICS** 選手村が登場／テニス、ラグビーが今大会で姿を消す　ほか
**COLUMN** 「炎のランナー」が描いたパリ・オリンピック
**国際情勢** ロシア革命とソヴィエト社会主義共和国連邦の成立 CLOSE UP①革命期のロシアと対ソ干渉戦争
CLOSE UP②ロシア革命の影響

46 ●**1928　第9回　アムステルダム大会**
**TOPICS** 日本人初の金メダルになった三段飛びの織田幹雄　ほか
**COLUMN** 想定外の日本人の優勝
**国際情勢** 第一次世界大戦後のアジア CLOSE UP①第一次大戦後の日中関係
CLOSE UP②インド・東南アジア・西アジアの民族運動

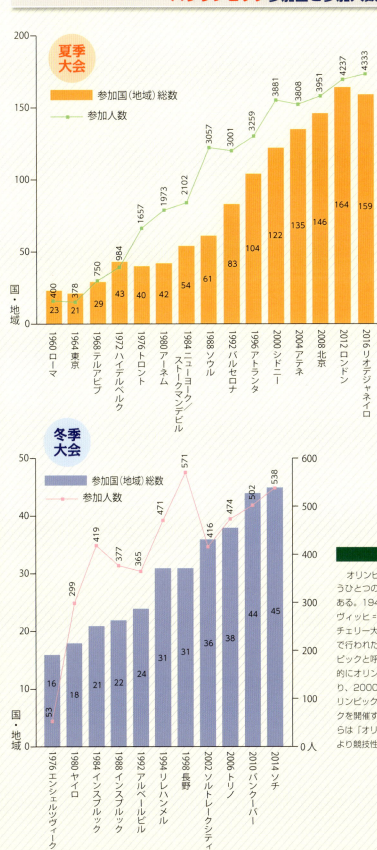

## パラリンピックとは

オリンピックとは障害者による世界最高のスポーツ大会で、「もうひとつの（Paralle）オリンピック（Olympic）」という意味である。1948年にイギリスのストーク＝マンデビル病院でルードヴィッヒ＝グットマンが開催した16人の車いす患者によるアーチェリー大会が起源で、その後も大会を重ね、1960年にローマで行われた国際ストーク＝マンデビル大会が後に第1回パラリンピックと呼ばれるようになった。1988年のソウル大会から本格的にオリンピックとパラリンピックが連動して行われるようになり、2000年にIOCと国際パラリンピック委員会（IPC）が「オリンピック開催地はオリンピック終了後、引き続いてパラリンピックを開催する」という合意に達した。2012年のロンドン大会からは「オリンピック・パラリンピック」と併記されるようになり、より競技性が強まっている。

# データでわかるオリンピック

## 歴代オリンピック実施競技数と女子競技数

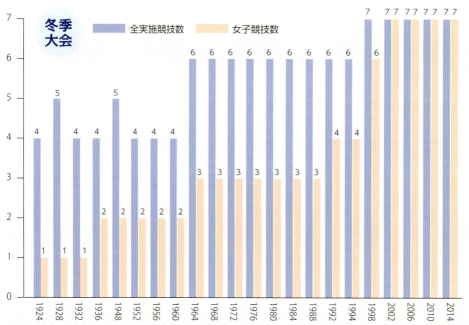

| 夏季大会 | 女子選手の参加が可能になった競技 |
|---|---|
| 1900 | テニス、ゴルフ |
| 1904 | アーチェリー |
| 1912 | 水上競技 |
| 1924 | フェンシング |
| 1928 | 陸上、体操 |
| 1948 | カヌー |
| 1952 | 乗馬 |
| 1964 | バレーボール |
| 1976 | ボート、バスケットボール、ハンドボール |
| 1984 | 射撃、自転車 |
| 1988 | テニス、卓球、セーリング |
| 1992 | バドミントン、柔道、バイアスロン |
| 1996 | サッカー、ソフトボール |
| 2000 | ウェイトリフティング、近代5種、テコンドー、トライアスロン |
| 2004 | レスリング |
| 2012 | ボクシング |

| 冬季大会 | 女子選手の参加が可能になった競技 |
|---|---|
| 1924 | スケート |
| 1936 | スキー |
| 1964 | リュージュ |
| 1992 | バイアスロン |
| 1998 | アイスホッケー、カーリング |
| 2002 | ボブスレー |

50 ● **1932 第10回 ロサンゼルス大会**
　　TOPICS 参加国・参加者が激減／日本　東京招致を決め大選手団を派遣　ほか
　　COLUMN 硫黄島に散ったバロン西
　　**国際情勢** CLOSE UP①世界恐慌とその影響 CLOSE UP②1930年代の日中関係 CLOSE UP③日本と満州国

54 ● **1936 第11回 ベルリン大会**
　　TOPICS ヒトラーが大会組織委員会総裁に／オリンピック史上初の聖火リレーが行われる　ほか
　　COLUMN 記録映画がヴェネツィア映画祭で最高賞受賞
　　**国際情勢** ファシズムの台頭 CLOSE UP①ファシズム諸国の侵略 CLOSE UP②スペイン内戦

58 ● **1940 第12回 東京大会・ヘルシンキ大会【中止】 ／ 1944 第13回 ロンドン大会【中止】**
　　大会中止までの経緯
　　**国際情勢** 第二次世界大戦の始まり／ヨーロッパ戦線 CLOSE UP①太平洋戦線とファシズム諸国の敗北
　　　　　　CLOSE UP②大戦終結までの首脳会談・宣言

60 ● **この間の冬季オリンピック**

## Ⅲ　東西冷戦下のオリンピック

62 ● **1948 第14回 ロンドン大会**
　　TOPICS 大戦終結から3年で開催された「友情のオリンピック」／日本とドイツは招待されず　ほか
　　COLUMN 参加できない日本が国内大会で世界記録
　　**国際情勢** CLOSE UP①国際連合の設立 CLOSE UP②敗戦国の処理 CLOSE UP③米ソ冷戦の始まり
　　　　　　CLOSE UP④東西ヨーロッパの分断

66 ● **1952 第15回 ヘルシンキ大会**
　　TOPICS 初の北欧での開催／ソ連、中華人民共和国が初参加、中華民国はボイコット／
　　　　　　日本　16年ぶりに復帰し、レスリングで金　ほか
　　COLUMN 「人間機関車」の明と暗
　　**国際情勢** アジアの動向 CLOSE UP①第二次世界大戦後のアジア
　　　　　　CLOSE UP②第二次世界大戦後のアジア諸地域の動向 CLOSE UP③朝鮮戦争

70 ● **1956 第16回 メルボルン大会**
　　TOPICS 南半球で初めての開催／水球ハンガリー対ソ連戦の流血事件　ほか
　　COLUMN 紛糾する中国問題
　　**国際情勢** 軍拡競争と核軍縮への道 CLOSE UP①軍拡競争の激化 CLOSE UP②核実験と核軍縮への道

74 ● **1960 第17回 ローマ大会**
　　TOPICS 裸足のアベベ／日本　次期東京大会が決まり大選手団を派遣　ほか
　　**国際情勢** 第三世界の台頭と限定的平和共存の時代 CLOSE UP①第三世界の形成
　　　　　　CLOSE UP②アフリカ諸国の独立

78 ● **1964 第18回 東京大会**
　　TOPICS アジア初の大会／原爆投下の日に生まれた聖火ランナー／日本　16個の金メダルを獲得　ほか
　　COLUMN 日本人メダリストたち
　　**国際情勢** ラテンアメリカ諸国の動向とキューバ危機 CLOSE UP①ラテンアメリカ諸国とキューバ革命

82 ● **1968 第19回 メキシコシティー大会**
　　TOPICS オリンピック反対の学生ら1000人を検挙／高地大会で好記録が続出　ほか
　　COLUMN 南アフリカ招待問題
　　**国際情勢** CLOSE UP①ベトナム戦争 CLOSE UP②公民権運動とブラックパワーサリュート

86 ● **1972 第20回 ミュンヘン大会**
　　TOPICS 人種差別を続けるローデシアを帰国させる　ほか
　　COLUMN 「血塗られた祭典」に
　　**国際情勢** パレスチナ問題 CLOSE UP①イスラエル建国と中東戦争 CLOSE UP②黒い9月事件

9

「歴代オリンピックでたどる世界の歴史」　目次

**90** ● **1976　第21回　モントリオール大会**
TOPICS 国際問題・人種問題でボイコットが続く／10点を連発した「白い妖精」コマネチ　ほか
COLUMN オリンピック憲章からアマチュア条項が消える
国際情勢 CLOSE UP①石油ショックと第1回サミット開催　CLOSE UP②　西ヨーロッパの地域統合

**94** ● **1980　第22回　モスクワ大会**
TOPICS 社会主義国初の大会／西側諸国がボイコット／日本　国内紛糾の末、不参加を決定　ほか
COLUMN 優勝候補だった山下と瀬古
国際情勢 CLOSE UP①モスクワ大会前後のメダル獲得数の推移　CLOSE UP②ソ連のアフガニスタン侵攻
　　　　 CLOSE UP③データでみる1980年の主要国の経済力

**98** ● **1984　第23回　ロサンゼルス大会**
TOPICS 東欧諸国がボイコット／大会前から注目を集めていたカール=ルイスが4冠王に　ほか
COLUMN 商業オリンピックで2億1500万ドルの黒字
国際情勢 CLOSE UP①ラテンアメリカの動向　CLOSE UP②イラン=イラク戦争

**102** ● **1988　第24回　ソウル大会**
TOPICS 北朝鮮が共同開催を要望／驚異的なスピードで3冠を達成したジョイナー　ほか
COLUMN ドーピングで金メダルを剥奪されたベン=ジョンソン
国際情勢 CLOSE UP①アジア諸地域の民主化　CLOSE UP②カンボジア内戦

**106** ● **この間の冬季オリンピック**

---

### Ⅳ　グローバリゼーション下のオリンピック

**110** ● **1992　第25回　バルセロナ大会**
TOPICS ソ連崩壊後の独立国家共同体が今回限りの参加／14歳の岩崎恭子の快挙　ほか
COLUMN 日本人選手の名言
国際情勢 CLOSE UP①東欧の民主化　CLOSE UP②ソ連邦の解体

**114** ● **1996　第26回　アトランタ大会**
TOPICS オリンピック100年の記念大会／日本　柔道でメダルを量産　ほか
COLUMN 差別と戦ったアリとオリンピック
国際情勢 CLOSE UP①冷戦後の世界の主な地域紛争／オリンピック100年

**118** ● **2000　第27回　シドニー大会**
TOPICS コンパクト・オリンピックに／高橋尚子、陸上女子初の金メダル　ほか
COLUMN アボリジニとオーストラリア
国際情勢 アフリカの動向　CLOSE UP①アフリカの主な紛争地域

**122** ● **2004　第28回　アテネ大会**
TOPICS ドーピング違反が横行／日本　史上最多の37個のメダルを獲得　ほか
COLUMN 絆をつなぐ競泳陣
国際情勢 CLOSE UP①9.11同時多発テロとアメリカの軍事行動　CLOSE UP②頻発する民族紛争

**126** ● **2008　第29回　北京大会**
TOPICS 経済発展を世界にアピール／史上最速のスプリンター、ウサイン=ボルト　ほか
国際情勢 CLOSE UP①中国の台頭　CLOSE UP②2008年の世界経済

**130** ● **2012　第30回　ロンドン大会**
TOPICS 初の3度目の開催都市となる／日本　史上最多38個のメダルを獲得
**131** ● **2016　第31回　リオデジャネイロ大会**
TOPICS 難民選手団の結成／日本　女子史上初の4連覇を達成した伊調馨
国際情勢 CLOSE UP①グローバル化する世界〈主な国際機構と地域統合／労働力のグローバリゼーション／
　　　　 WTO加盟国／通商の自由化と地域経済連合の統合／世界の貿易収支の推移〉

**134** ● **この間の冬季オリンピック**

10

# I  帝国主義下のオリンピック

## 夏季オリンピック
# アテネ大会

### 1896 ATHENS 1st SUMMER OLYMPIC GAME

| 開催国 | ギリシア |
|---|---|
| 開催期間 | 4月6日～4月15日 |
| 参加国（地域）数 | 14 |
| 参加選手数 | 241 |
| 実施競技数 | 8 |
| 実施種目数 | 43 |

1896年当時の米ニューヨークの風景

The Granger Collection/amanaimages

## 大会 TOPICS

### ●近代オリンピックの始まり
西暦393年に途絶えた古代オリンピックから1500年の時を経て、近代オリンピック競技大会が誕生した。フランス人のピエール=ド=クーベルタン男爵の提唱により、古代オリンピックの故郷ギリシャのアテネで第1回大会が開かれることになった。

### ●国を代表しての参加ではない
まだ国際競技団体も統一ルールもない時代で、参加選手は国の代表ではなく、大学やクラブ有志など、いわば個人的な参加だった。

### ●女人禁制の第1回大会
古代オリンピックのしきたりから、参加選手は全員が男性で女性選手は参加できなかった。

## 競技 TOPICS

### ●8競技、43種目
14ヵ国から241名が参加し、陸上、体操、水泳、フェンシング、レスリング、自転車、射撃、テニスで技と力を競い合った。ほかにウェイトリフティングも行われたが、体操の種目として実施された。参加国が一番多かったのは陸上の10ヵ国。出場人数は射撃の116人が最多だった。

### ●100mの優勝タイムは12秒0
陸上の100mで優勝したアメリカのトーマス=バークはただ1人クラウチングスタートを披露し、選手や観客から注目された。彼は400mでも優勝し（200mは実施されず）、短距離2冠王となった。

### ●世界初のマラソン
古代ギリシャの故事にちなんでマラトンからアテネまで約40kmで行われたマラソンは前例のない超長距離走で、最終日まで陸上で優勝者がなかったギリシャの選手が勝ったこともあり、大観衆を熱狂させた。

PA Photos/amanaimages

陸上競技男子100mのスタート。クラウチング・スタートをしているのはアメリカのトーマス＝バーク

1863年に米ニューヨークで起きた人種暴動で、黒人が暴徒にリンチされる光景を描いた版画。五輪に米の黒人選手が参加したのは1904年のセントルイス大会以降となる

The Granger Collection/amanaimages

## これまでの日本

| 1868（明治元） | 明治維新 |
|---|---|
| 1871 | 岩倉具視らを欧米に派遣。廃藩置県 |
| 1874 | 台湾出兵 |
| 1877 | 西南戦争 |
| 1883 | 鹿鳴館開館 |
| 1889 | 大日本帝国憲法発布 |
| 1890 | 第1回帝国議会 |
| 1894 | 日清戦争（～95） |
| 1895 | 下関条約調印。三国干渉 |

1895（明治28）年に東京・銀座に完成した初代の服部時計塔

朝日新聞社/アマナイメージズ

13

## 国際情勢

**EUROPE**
ドイツとイタリアが統一国家を樹立し、政治的安定をめざしたウィーン体制から19世紀後半には新たな列強体制が復活した。

**ASIA**
ヨーロッパ勢力の干渉によりオスマン帝国やムガル帝国、清朝の支配体制に動揺が生じ始めた。

**AMERICA**
アメリカ合衆国は南北戦争(1861～65)を経て再統一され、19世紀末には世界一の工業国となった。ラテンアメリカは19世紀中に大半が独立した。

**AFRICA**
19世紀半ば、リヴィングストンらの中央アフリカ探検を契機に列強が関心を強め、19世紀末には大部分が植民地となった。

**OCEANIA**
スペイン、ポルトガル、オランダに次いで18世紀にはイギリス、19世紀にはアメリカ合衆国やドイツ、フランスが進出して分割領有されていった。

### 第1回アテネ五輪の参加国(14カ国)

アメリカ
イギリス
イタリア
オーストラリア
オーストリア
ギリシア
スイス
スウェーデン
チリ
デンマーク
ドイツ
ハンガリー
フランス
ブルガリア

### CLOSE UP ①
## 「ビスマルク体制」とその崩壊

　長らく諸邦による政治的分裂状態にあったドイツは、1871年にヴィルヘルム1世の下、ドイツ帝国として統一国家を樹立させた。帝国宰相ビスマルクは前年のプロイセン=フランス戦争で獲得したロレーヌ・アルザスの奪還を企図するフランスを外交的に孤立させ、さらには東欧に侵出しようとする強国ロシアを牽制するため、オーストリア・ロシアと三帝同盟(1873年)、1882年にはオーストリア・イタリアと三国同盟、ロシアと再保障条約を相次いで結んだ。ドイツの安全を確保すべく締結されたこれらの同盟網をビスマルク体制と呼ぶ。

　だがドイツが1890年に対外行動の自由を求めてロシアとの再保障条約更新を見送ると、ロシアはそれに反発してフランスに接近し、露仏同盟(1894年調印)を結んだ。こうしてビスマルク体制は崩壊し、列強関係は再び流動化していった。

現在のヨーロッパ

# アテネ大会 1896
## ATHENS 1896

## ヨーロッパ主要国の動向

### アメリカ合衆国（ラテンアメリカ含む）
- 1861 リンカンが大統領就任。南北戦争（～65）
- 1863 リンカン、反乱諸州の奴隷解放宣言
- 1865 憲法修正により黒人奴隷解放
- 1867 米がアラスカ買収
- 1869 初の大陸横断鉄道開通
- 1878 エディソンが電灯発明
- 1880 鉄道大建設時代（～90）
- 1890 フロンティア消滅宣言
- 1894 米が工業生産力世界一に

### フランス
- 1870 プロイセン＝フランス戦争（～71、フランス敗北）。第三共和政宣言
- 1871 ナポレオン3世、ドイツに降伏。革命的臨時政府樹立（パリ＝コミューン）
- 1875 第三共和国憲法制定
- 1878 ベルリン会議
- 1879 共和政確立（第三共和政）
- 1881 チュニジア保護国化
- 1884 清仏戦争（～85）
- 1885 天津条約（ベトナム保護国化）
- 1887 仏領インドシナ連邦独立
- 1891 露仏同盟

### プロイセン（ドイツ）
- 1866 プロイセン＝オーストリア戦争（プロイセン勝利）
- 1867 北ドイツ連邦成立
- 1871 ドイツ帝国成立。ビスマルクが宰相に
- 1873 独墺露三帝同盟
- 1879 独墺同盟
- 1882 独墺伊三国同盟
- 1886 ダイムラーが自動車を発明
- 1893 ディーゼルが内燃機関を発明

### イギリス
- 1867 第2回選挙法改正（都市労働者などに選挙権）。カナダ自治領成立
- 1874 フィジー領有
- 1875 スエズ運河株式買収（英が経営権を保有）
- 1877 インド帝国成立（英による直接支配）
- 1878 ベルリン会議
- 1882 エジプト領有
- 1884 第3回選挙法改正（農業労働者などに選挙権）
- 1886 ビルマ領有
- 1890 ウガンダ領有

### スペイン・イタリア
- 1866 サルデーニャがヴェネツィア併合
- 1870 イタリア統一
- 1873 スペイン、連邦共和国
- 1874 スペイン、王政復古
- 1887 イタリア、対エチオピア戦争（～89）
- 1889 イタリア、ソマリランド領有
- 1895 イタリアがエチオピア侵略
- 1891 露仏同盟

### ロシア帝国
- 1868 ブハラ＝ハン国を保護国化
- 1873 独墺露三帝同盟。
- 1876 コーカンド＝ハン国併合
- 1877 ロシア＝トルコ戦争（～78）
- 1878 サン＝ステファノ条約
- 1891 露仏同盟。シベリア鉄道起工

**ベルリン会議**
ロシア＝トルコ戦争の結果、ロシアはバルカンに大ブルガリアを建設・支配下においた（サン＝ステファノ条約）。ロシアの地中海進出を嫌うイギリス、オーストリアの反対にドイツのビスマルクが仲介し、欧州諸国らが会議を開催。このベルリン会議の結果、セルビア、モンテネグロ、ルーマニアが独立し、ブルガリアはオスマン帝国内自治国に、また英がキプロスを、オーストリアがボスニア・ヘルツェゴヴィナを獲得した。ロシアはベッサラビアとアナトリアの一部を得るにとどまり、結果的に独墺露間の対立を引き起こした。

## CLOSE UP ❷
### アメリカの大国化

南北戦争が終結した1865年にアメリカ合衆国は再統一された。以降、荒廃した南部の再建や西部開拓が進み、1890年代にはフロンティアが消滅した。東部と西部を結ぶ通信や交通機関も整備され、1869年には最初の大陸横断鉄道が敷設された。また豊富な天然資源をもとに石油や石炭、鉄鋼などの重工業が盛んになり、19世紀末になるとイギリスやドイツを超えて世界最大の工業国となった。

# 列強の海外植民地の変せん（18世紀〜19世紀）

アテネ大会 1896
ATHENS 1896

## CLOSE UP ③
## 帝国主義と植民地

　15世紀から17世紀にかけての大航海時代にヨーロッパ人はアジアやアフリカ、アメリカに進出しはじめたが、その拠点は大陸の沿岸部や島嶼に限られていた。西欧列強は1880年代から植民地獲得を目的とする帝国主義政策をとるようになり、本格的な領土支配が行われるようになっていった。
　また17〜18世紀以降、民族運動や内乱によって衰えつつあったオスマン帝国やムガル帝国、中国の清朝などアジアの諸帝国も西欧列強による干渉を受け、支配体制はさらに動揺していくこととなった。

## 19世紀後半のアジア・アフリカ

### 西アジア
- 1888　オスマン帝国でアナトリア鉄道建設（ドイツ権益）
- 1891　イランでイギリス資本に対するタバコ利権授与に対する反対運動（タバコ＝ボイコット運動）
- 1895　列強がオスマン帝国に内政改革案提出

### アフリカ
- 1881　仏がチュニジアを保護国化、スーダンで反エジプト、反英闘争（マフディー運動）エジプトで反英闘争（ウラービー運動）
- 1885　伊がエリトリア占領、仏領コンゴ成立
- 1895　英がローデシア領有
- 1896　仏がマダガスカル併合

### 南アジア
- 1858　ムガル帝国滅亡、英がインドを直接統治
- 1877　英領インド帝国成立（〜1947）
- 1881　英がアフガニスタン保護国化
- 1885　ロシアがアフガニスタン進出

### 東南アジア
- 1874　仏がベトナム保護国化
- 1886　英、第3次ビルマ戦争（1885〜）でビルマ併合
- 1887　仏領インドシナ連邦成立、英がマレー連合保護国化
- 1893　仏がラオス保護国化

### 中国〈清〉
- 1840　アヘン戦争
- 　　　：
- 1860　北京条約（英・仏・露）
- 1881　第2次イリ条約
- 1884　清仏戦争
- 1885　清が仏の越南保護承認（天津条約）
- 1894　日清戦争
- 1895　下関条約

電話機や電信機、蓄音機、白熱電球など数多くの発明・改良を行った米トーマス＝エディソン（1915年）
The Granger Collection/amanaimages

## CLOSE UP ④
## 欧米の文化、科学の発展

　欧米先進国では19世紀に入り、自然科学や技術が発達した。コッホなどによる細菌学は予防医学に応用され、感染症による死亡率を低減させた。またディーゼル・エンジンや電信機、電灯、飛行機などが19世紀後半から20世紀はじめに次々に発明され、交通や通信のあり方を革新していった。こうした近代諸科学の発展により、欧米の都市はいち早く近代化が進み、従来の貴族文化にとってかわる市民文化が成熟するようになった。

### 19世紀から20世紀初頭の主な発明
- 1825　世界最初の鉄道開通（英）
- 1831　ファラデーが電磁誘導電流を発見（英）
- 1837　モースが有線電信機を発明（米）
- 1859　ダーウィン『種の起源』発表（英）
- 1863　ロンドンで地下鉄が開通（英）
- 1876　ベルが電話機を発明（米）
- 1878　エディソンが電灯を発明（米）
　　　　ジーメンスが電車を発明（独）
- 1883　コッホがコレラ菌を発見（独）
- 1886　ダイムラーが自動車を発明（独）
- 1893　ディーゼルが内燃機関を発明（独）
- 1895　マルコーニが無線電信を発明（伊）
- 1903　ライト兄弟が飛行機を発明（米）
- 1905　アインシュタインが特殊相対性理論発表（独）

# 第2回 1900年

## 夏季オリンピック
## パリ大会

### 1900 PARIS 2nd SUMMER OLYMPIC GAME

| 開催国 | フランス |
|---|---|
| 開催期間 | 5月20日～10月28日 |
| 参加国（地域）数 | 24 |
| 参加選手数 | 997 |
| 実施競技数 | 16 |
| 実施種目数 | 95 |

オリンピック・パリ大会と同時に開催されたパリ万国博覧会（1900年）

The Granger Collection/amanaimages

## 大会TOPICS

### ●クーベルタン男爵に敬意を表し、パリで開催
アテネ大会開催時に行われたIOC総会で、ギリシャの委員から将来の大会も永久にギリシャ開催にすべきとの提案があったが、近代オリンピック復興に対するクーベルタンの功労に敬意を表して、第2回大会は彼の祖国フランスのパリで開催されることとなった。

### ●万国博覧会に吸収される
クーベルタンは地元のパリ大会と併せて「スポーツ博覧会」を開催する計画をもっていた。だが準備が進むにつれてスポーツとかけ離れたものとなり、計画は取り止めになった。一方、フランス政府は同時期に「万国博覧会」の開催を計画していて、クーベルタンが放棄したスポーツ博覧会を吸収し、さらにオリンピック大会までも万国博覧会の付属競技大会に組み入れてしまった。大会運営は大きな混乱をきたし、実施競技数、出場選手数なども信頼できる記録にとぼしい。現在のIOCの見解では上記の数字となっている。

### ●唯一の賞金つき大会
今も昔も優勝者には金メダルと賞状が与えられるが、万国博覧会付属競技大会となった今大会では、陸上競技などで公然と賞金が出された。

## 競技TOPICS

### ●5ヵ月以上にわたって行われた大会
万国博覧会の開会から約1ヵ月後の5月20日、セーヌ川で行われたヨット競技で幕を開けたパリ大会は、公開競技のラグビーが終わった10月28日まで、5ヵ月以上わたって、断続的に続いた。

### ●女子選手が初参加
テニスとパリ大会から取り入れられたゴルフで22人の女子選手が初参加し、テニス・シングルではイギリスのシャーロッテ=クーパーが女性初の金メダリストとなった。彼女はウィンブルドンで5度の優勝を誇る名選手だった。

開催国フランスを決勝で下し、国技のクリケットで優勝したイギリスチーム

## 各国のメダル獲得数

| 国　名 | 金 | 銀 | 銅 |
|---|---|---|---|
| フランス | 27 | 35 | 34 |
| アメリカ | 19 | 15 | 16 |
| イギリス | 17 | 8 | 12 |
| ベルギー | 5 | 6 | 3 |
| スイス | 5 | 3 | 1 |
| ドイツ | 4 | 2 | 2 |
| デンマーク | 2 | 3 | 2 |
| イタリア | 2 | 2 | - |
| オーストラリア | 2 | - | 4 |

| 国　名 | 金 | 銀 | 銅 |
|---|---|---|---|
| オランダ | 1 | 2 | 3 |
| ハンガリー | 1 | 2 | 2 |
| キューバ | 1 | 1 | - |
| カナダ | 1 | - | 1 |
| スウェーデン | 1 | - | 1 |
| オーストリア | - | 3 | 3 |
| ノルウェー | - | 2 | 3 |
| インド | - | 2 | - |
| ボヘミア | - | 1 | 2 |

# 国際情勢

### EUROPE
英独間で海軍力の拡大を競う建艦競争が起こる（1898〜）。ロシアでは専制政治に対して改革を求め、マルクス主義を掲げたロシア社会民主労働党が誕生。

### ASIA
日清戦争での清の敗北から列強各国が中国分割に乗り出すが、国内では改革派と保守派の抗争や民衆の排外運動（義和団など）が活発化。

### AMERICA
米西戦争（1898年）に勝利したアメリカ合衆国が中米・カリブ海での覇権を確立。

### AFRICA
英仏が植民地政策をめぐってスーダンで衝突（ファショダ事件）。アフリカ南部ではイギリスが内陸部へ侵攻（1899〜南アフリカ戦争）。

### OCEANIA
米西戦争での勝利によりアメリカ合衆国がプエルトリコ、フィリピン、グアムを併合。

## CLOSE UP ❶ イギリスのインド侵略と統治

　17〜18世紀にかけ、西欧各国の東インド会社は綿布の世界的な生産地だったインド各地に拠点を置き、取引をするようになった。ムガル帝国の衰退にともなってインドでは各地の地方勢力が台頭し、英仏の東インド会社はインド国内の勢力間抗争を利用しながら支配を広げようとしたが、18世紀半ばに英東インド会社がインド交易をほぼ独占するようになった。

　英東インド会社はその後、インドの諸勢力との戦争を経て19世紀半ばにインド全域を制圧し、植民地化に成功した。その際には植民地政策への反感から大規模な反乱（シパーヒーの大反乱）が発生した。1858年にイギリスは東インド会社を解散し、本国にインド省、現地にイギリス人総督を置いてインドを直接統治するにいたった。そして1877年にヴィクトリア女王がインド皇帝に即位し、イギリス支配の下でのインド帝国が成立した。

### インドの植民地化年表

|  | |
|---|---|
| 1707 | ムガル帝国皇帝アウラングゼーブ死去（これを契機に地方勢力が各地で台頭） |
| 1744 | カーナティック戦争（〜61 南インドで英仏の東インド会社がインド支配層を巻き込みながら3次にわたって戦争。最終的に英が勝利） |
| 1757 | プラッシーの戦い（英がベンガル支配） |
| 1763 | パリ条約（植民地7年戦争終結にともなう英仏西間の条約。これにより仏は一部の商業都市を除き全植民地を放棄） |
| 1765 | 英東インド会社がベンガルなどの徴税権獲得 |
| 1767 | マイソール戦争（英が南インド支配を確立） |
| 1775 | マラーター戦争（英がデカン高原支配を確立） |
| 1815 | 英がスリランカを領有 |
| 1845 | シク戦争（英がパンジャーブ地方を併合） |
| 1857 | シパーヒーの反乱（〜59） |
| 1858 | ムガル帝国滅亡　英が東インド会社を解散しインドの直接統治を開始 |
| 1877 | インド帝国成立 |

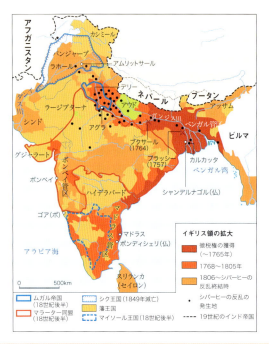

シパーヒーの反乱を描いたイギリスの版画

The Granger Collection/amanaimages

# パリ大会 1900
## PARIS 1900

## CLOSE UP ❷
# 列強による東南アジアの植民地化

東南アジアでは16世紀にスペインがフィリピンを領有し、17世紀にはオランダがジャワ島のバタヴィア（現ジャカルタ）に拠点を置いて貿易を行っていた。18世紀に入ると列強は商業権益だけでなく領土の獲得に移り、ジャワではオランダがマタラム王国を滅ぼしてその大半を支配しながらコーヒーなどの商品作物を強制栽培させ、利益をあげた。一方のフィリピンは、1898年の米西戦争でアメリカ領となった。

イギリスは19世紀にマレー半島のペナンやマラッカ、シンガポールを海峡植民地とし、さらに北ボルネオ諸州もあわせたマレー連合州（1895年）としてその支配を確立。20世紀以降は天然ゴムのプランテーションとして開発していった。また、19世紀のビルマ戦争に勝利してビルマもインド帝国に併合した。

フランスは19世紀半ばにカンボジアを保護国化し、次いでベトナムに軍事介入するようになった。その後、宗主権をめぐって争われた清仏戦争を経てベトナムの保護国となり、カンボジアを含めてフランス領インドシナ連邦とした。1899年にはラオスも連邦に編入した。

## 18～20世紀初頭の東南アジア

### イギリスの勢力圏
**ビルマ・マレー半島・ボルネオ**

| | |
|---|---|
| 1786 | 英、ペナン島占領 |
| 1795 | 英、マラッカ占領 |
| 1819 | ラッフルズがシンガポール領有 |
| 1824 | ビルマ戦争（～86、3回） |
| 1826 | 英、海峡植民地を成立（67年に直轄化） |
| 1885 | コンバウン朝滅亡 |
| 1886 | 英領インドがビルマ併合 |
| 1895 | 英領マレー連合州成立 |

### オランダの勢力圏
**インドネシア**

| | |
|---|---|
| 1623 | アンボイナ事件 |
| 1758 | 蘭のジャワ支配確立 |
| 1825 | ジャワ戦争（蘭に対する反乱） |
| 1830 | 強制栽培制度開始 |
| 1904 | アチェ王国滅亡 オランダ領東インド成立 |

### フランスの勢力圏
**ベトナム・ラオス・カンボジア**

| | |
|---|---|
| 1802 | 仏宣教師ピニョーの援助で阮福暎が阮朝建国 |
| 1804 | 阮福暎、清から越南王に封ぜられる |
| 1863 | 仏、カンボジアを保護国化 |
| 1867 | 仏の軍事介入により全域領有（ベ） |
| 1873 | 黒旗軍（劉永福）の反仏闘争 |
| 1883 | 仏がベトナム保護国化（ユエ条約） |
| 1885 | 清仏戦争の敗北で清が宗主権放棄（ベ） |
| 1887 | 仏領インドシナ連邦成立 |
| 1899 | 仏領インドシナ連邦にラオス編入 |

### スペイン、アメリカの勢力圏
**フィリピン**

| | |
|---|---|
| 1834 | マニラ開港 |
| 1880 | ～ホセ＝リサールらの民衆啓蒙運動 |
| 1896 | フィリピン革命 ホセ＝リサール処刑 |
| 1898 | アギナルド、フィリピン独立宣言 米西戦争の結果、米領に |
| 1899 | フィリピン共和国樹立 米が軍事介入 |
| 1902 | 米の植民地統治開始 |

シンガポールのラッフルズ＝ホテルでダンスをする人びと（1905年）。1819年に現地王国の王位継承紛争に介入してこの地を獲得した英国人ラッフルズの名にちなんだホテル（1887年創立）で、当時は白人に利用が限られていた

The Granger Collection/amanaimages

## 第3回 1904年

夏季オリンピック

# セントルイス大会

### 1904 St. LOUIS 3rd SUMMER OLYMPIC GAME

| 開催国 | アメリカ合衆国 |
|---|---|
| 開催期間 | 7月1日～11月23日 |
| 参加国(地域)数 | 12 |
| 参加選手数 | 651 |
| 実施競技数 | 16 |
| 実施種目数 | 95 |

フランスの新聞に掲載された日露戦争を伝える絵。「明治天皇と旭日旗を掲げる部隊」と説明されている

Roger-Viollet/amanaimages

### 大会TOPICS

●ヨーロッパを離れ、初のアメリカ大会開催
ヨーロッパ発の近代スポーツの祭典にアメリカは第1回から積極的に参加していた。第3回大会にシカゴとセントルイスが名乗りを上げ、IOC総会でシカゴが選ばれた。しかし、セオドア=ローズヴェルト大統領が財政的見通しの立たないシカゴから、万国博覧会の開催予定地だったセントルイスに変更することを要請した。郵便でIOC委員の投票が行われた結果、セントルイスに決定した。

●参加国・参加選手が激減
パリ大会同様、万国博覧会と同時開催となった今大会。ヨーロッパからは船を使わなければ参加できないが、当時は個人参加だったため遠征費も個人負担で、常連のイギリスやフランスからは1人も参加していない。

### 競技TOPICS

●キセル・マラソン事件が発生
猛暑の8月30日、40kmのコースで行われたマラソンは半数以上が棄権する過酷なレースとなった。アメリカのフレッド=ローツは20km付近で力尽き、監察車に乗せてもらいスタジアムに戻ろうとした。ところがこの車がスタジアム手前で故障し、元気を回復したローツは再び走りだし、冗談のつもりで観衆に手を振ってゴールした。ローツはその時点でサリバン会長に車に乗っていたことを告知したという。だがサリバンも興奮していたのか、ローツはメダルのプレゼンターだったローズヴェルト大統領夫人のところまで連れていかれて、そこに本当の優勝者であるトーマス=ヒックスが帰ってきた。監察員がローツのキセルを告発し、ローツは永久追放を言い渡されてしまった。その後、処分が緩和され、1905年のボストン・マラソンでは初優勝を飾った。

●名実ともにアメリカが圧倒
ヨーロッパからの参加者が激減するなか、近代的な設備と科学的な準備・練習により強化したアメリカが、メダルを独占した。

PA Photos/amanaimages

セントルイスの住人がアパートの窓から見下ろすコースで
行われた陸上の男子 200m ハードル

清朝末期の1898年から起
こった義和団事件で1900
年、鎮圧のため上海に進
軍するイギリスの派遣軍

The Granger Collection/amanaimages

### Column

#### 1度だけ行われた中間年大会

　オリンピックの歴史のなかで、1度だけ中間年大会というものが開催されている。1904年の第3回セントルイス大会と1908年の第4回ロンドン大会の中間年、つまり1906年にアテネで開かれた大会である。
　第1回大会を成功させたギリシャ国民からの強い要望をIOCが受け入れて開催され、22ヵ国から903人の選手が参加し、11競技で熱戦が繰り広げられた。第2回、第3回が万国博覧会の付属大会になっていただけに、まっとうなスポーツの祭典となったアテネの中間年大会にオリンピック関係者は安堵した。だが、IOCは正規の大会としては数えず、中間年大会はこの1回きりで終わった。

## 国際情勢

### EUROPE
ドイツとオーストラリア、イタリアが1882年に成立した三国同盟を1902年に更新し、それに対抗する勢力としてフランスとロシアの露仏同盟、そしてイギリスも結束して対ドイツ陣営を形成しようとしていた。

### ASIA
北清事変後も満州(中国東北部)に居座り、さらに朝鮮半島まで勢力を伸ばそうとするロシアに対し、大陸への足がかりとして朝鮮半島を支配したい日本の戦いが満州の大地で起こった。

### AMERICA
1901年に大統領に就任したセオドア=ローズヴェルトのもとアメリカは、コロンビアからパナマを独立させ、パナマ運河の独占的な建設権と運営権を獲得するなど「棍棒外交」を進めた。

### AFRICA
1902年、オレンジ、トランスヴァール両国が英領ケープ植民地に併合される。

### OCEANIA
1901年に英領オーストラリア連邦が成立した。

## CLOSE UP ❶
## アフリカの植民地化

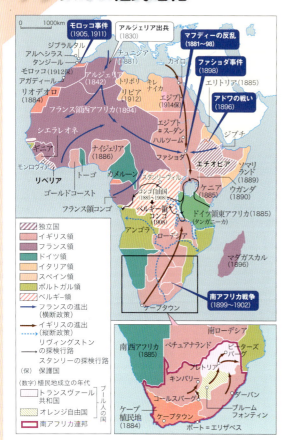

19世紀半ばイギリスのリヴィングストンやスタンリーが中央アフリカを探検し、その事情が伝わると列強はアフリカに関心を示すようになった。

ヨーロッパ諸国による植民地争奪戦が巻き起こると、ドイツのビスマルクの提唱によって1884年から翌年にかけてベルリン=コンゴ会議が開かれた。そこでアフリカ分割の原則が定められ、列強はまたたく間にアフリカの大部分を植民地にした。

そこでは列強同士の衝突や現地の人々の様々な抵抗運動が起こった。

●マフディーの反乱
イスラーム教徒の信ずる救世主をマフディーといい、これを称したムハンマド=アフマドがスーダンで反英闘争を組織した。ゴードン将軍指揮下のイギリス軍をハルツームで破り、一時侵入を阻止した。

●南アフリカ戦争
オランダ系移民が建設したトランスヴァール、オレンジ両国に対するイギリス人の侵略戦争。ケープ地域のオランダ人の子孫であるブール人が激しく抵抗したが、イギリスは大量の騎馬砲兵隊を送り込み、両国を併合した。

●ファショダ事件
イギリス、フランス両軍がスーダン南部のファショダで対峙した事件。外交交渉によりフランスが譲歩し、スーダンはイギリスの支配下に置かれることに。その後、両国は接近して1904年に英仏協商が成立する。

●モロッコ事件
フランスのモロッコ支配強化に抗議して、ドイツが2度にわたり干渉した。軍事衝突の危機を招いたが、イギリスのフランス支持により衝突は回避され、フランスの支配が確立した。

●アドワの戦い
アフリカ史上、アフリカ人が侵略者に勝利した数少ない例である。イギリス支持のもとイタリアはエチオピアに侵攻したが、フランスから武器を提供されていたエチオピアが北部のアドワで勝利し、世界に独立国エチオピアを認めさせる結果となった。

# セントルイス大会 1904
## St. LOUIS 1904

## CLOSE UP ❷
## 帝国主義対立の変化

　ドイツが進める中近東に対する3B政策(ベルリン―ビザンティウム―バグダードの3都市を鉄道で結び、その沿線を勢力下に置くこと)は、イギリスの3C政策(ケープタウン―カイロ―カルカッタを結ぶ三角地帯を勢力下に治めようという政策)やロシアの南下政策と対立し、列強の外交政策を変化させた。

## CLOSE UP ❸
## 日露戦争前後の国際関係

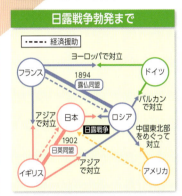
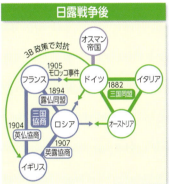

　オリンピック開幕の約5ヵ月前に勃発し、ヨーロッパ勢が軒並みオリンピックへの参加を見送った一因ともなった日露戦争は、イギリスと同盟を結んだ日本とフランスと同盟を結んだロシアの戦いだった。開戦を機にドイツの帝国主義的進出に共通の利害を持つイギリスとフランスが英仏協商を結び、日露戦争後、イギリスとロシアも英露協商を締結し、フランスと合わせて三国協商となった。ドイツを中心とするイタリア、オーストリアとの三国同盟と対抗することになった。

## CLOSE UP ❹
## 万国博覧会の歴史 (1851～1904)

　近代博覧会の起源は1475年にフランスのルイ11世がロンドンで開催した「フランス物産展」だといわれている。国際博覧会は1851年、日本でいえばペリーが来航する2年前の嘉永4年にロンドンのハイドパークで開かれた「第1回ロンドン万国博覧会」が始まりである。ロンドン万博には約40ヵ国が参加し、入場者は600万人といわれる。

　この成功が、当時、イギリスにならって工業化の道を進んでいたフランスやアメリカなどの国々の刺激となり、以降、ニューヨークやパリ、ウィーンなどで次々と万国博が開かれていった。

25

## 第4回 1908年 夏季オリンピック
# ロンドン大会

### 1908 LONDON 4th SUMMER OLYMPIC GAME

| 開催国 | イギリス |
|---|---|
| 開催期間 | 4月27日～10月31日 |
| 参加国（地域）数 | 22 |
| 参加選手数 | 2008 |
| 実施競技数 | 23 |
| 実施種目数 | 110 |

日露戦争中、ペテルブルクの民衆が皇帝に救済などを請願したが、軍隊が発砲して多くの死者が出た（血の日曜日事件）。反乱は全土に広がり第一次ロシア革命の発端となった

PA Photos/amanaimages

### 大会TOPICS

●ローマが返上し代替地のロンドンに
1904年のIOC総会で、1908年の第4回大会はローマに決定した。だが会場や経費の面で開催困難となり、2年後のアテネ中間大会でローマは返上を申し出た。ロンドンが代替地として挙がり、イギリス・オリンピック協会会長のデスボロー卿が奮闘。ロンドンで開かれる予定のイギリス・フランス博覧会に協力を要請し、博覧会に吸収されることなく開催にこぎつけた。

●各国内のオリンピック委員会ごとの参加となる
これまで個人はチームで申し込んでの参加だったが、今大会から各国のオリンピック委員会（NOC）を通して行われることになった。

●開会式の入場行進が国別、ABC順に
国ごとに国旗を掲げて行進することになり、ロシア自治領のフィンランドやオーストリアの一地方だったボヘミアをどう扱うかなど混乱も生じた。

### 競技TOPICS

●「参加することに意義がある」
陸上競技でアメリカとイギリスにいくつかのトラブルが起こり、両国民の感情が収拾つかないほどに悪化した。ペンシルヴァニアのタルボット主教がミサで各国選手団を前に「オリンピックで重要なことは、勝利することより、むしろ参加したということであろう」と説教した。その後、クーベルタンIOC会長がこの言葉を引用して演説し、後世にまで語り継がれることになった。

●冬季種目のフィギアスケートも採用
1800年代後半、スケートはヨーロッパでポピュラーなスポーツとなっていた。ロンドンにも1895年にプリンス・スケートクラブ・リンクというスケート場が建設された。大会規定に冬季種目を除くとはされていなかったため、フィギアスケートは簡単に了承され、男女の各個人、男子スペシャル、ペアの4種目が実施された。

王室ゆかりの街にあるウィンザー城前を出発してロンドンに戻ってきたマラソン選手たち

## Column

### 42.195kmのマラソン

　今大会でマラソンの距離は初めて42.195kmに設定された。それまで、第1回アテネ大会は40km、第2回パリ大会は40.26km、第3回セントルイス大会は40kmだった。第4回大会も同程度の距離にするということで、当初ウィンザー城前からシェパードブッシュ競技場までの26マイル（41.579km）とした。

　これが42.195kmに延ばされたのには諸説ある。皇太子妃が部屋からスタートを見たいと言ったためにスタート地点がずらされたという説、当初、ゴールは競技場入り口だったため、王室がいるロイヤルボックス前に移された説、単に入り口では格好がつかないため競技場内に移した説などいろいろである。

　その後もマラソンの距離は大会ごとに変わるが、第8回パリ大会以降、42.195kmに統一された。

## 国際情勢

**EUROPE**
ロシアで第1次ロシア革命が起こり、フランス社会党やイギリスの労働党、ドイツの社会民主党など社会主義政党が勢力を増した。

**ASIA**
日露戦争に勝利した日本は韓国を保護国化する協約を結び、漢民族の孫文は満州族の清朝打倒をめざす運動を進めた。インドでも国民会議派が反英運動を展開した。またオスマン帝国では1908年に青年トルコ革命を成功させた。

**AMERICA**
アメリカは日露戦争の仲介役を担う一方で、1905年にはヨーロッパ諸国に対する債務を抱えるドミニカを実質的に保護国化するなどカリブ海政策を推し進めた。

**AFRICA**
ドイツのヴィルヘルム2世がモロッコのタンジールに上陸し、フランスによる保護国化を否認した（第1次モロッコ事件）が、南スペインのアルヘシラスで開かれた会議で、モロッコは事実上、フランスの保護領となった。

**OCEANIA**
1906年、イギリス領パプアがオーストラリア領となる。一方、1907年にはニュージーランドがイギリスの自治領となる。

## CLOSE UP ①

### オスマン帝国の領土縮小

　16世紀にはアジア、ヨーロッパへと領土を拡大したオスマン帝国だったが、1683年の第2次ウィーン包囲の失敗が領土縮小への転機となった。カルロヴィッツ条約によってハンガリー、トランシルヴァニアなどをオーストリアに割譲し、さらに18世紀後半にはロシアとの戦いに敗れ、黒海の北岸を奪われた。また、バルカン半島ではフランス革命の影響を受けたギリシア独立運動が起こりオスマン帝国の支配を揺るがした。

　アブデュル＝メジト1世が1839年に西欧化改革（タンジマート）を開始し、帝国は伝統的なイスラーム国家から、法治主義に基づく近代国家へと体制を改めた。ロシアとのクリミア戦争に勝利した後、国内に立憲制への要求が高まり、ミドハト憲法が発布された。だがロシア＝トルコ戦争が勃発すると、アブデュル＝ハミト2世は憲法を停止した。そしてこの戦争に敗れたオスマン帝国は、ベルリン条約によりセルビアやルーマニアなどヨーロッパ側領土を大幅に失った。

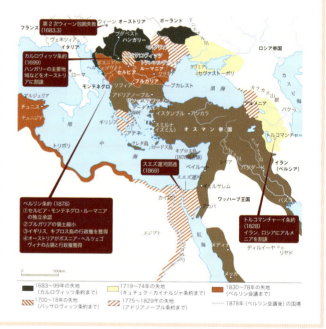

## 西アジアの動向

| オスマン帝国 |
|---|
| 1683　第2次ウィーン包囲失敗 |
| 1699　カルロヴィッツ条約（対オーストリア） |
| 1744頃　ワッハーブ王国成立 |
| 1839　ギュルハネ勅令 |
| 　　　　（タンジマート開始、～76） |
| 1853　クリミア戦争（～56） |
| 1876　ミドハト憲法発布 |
| 1877　ロシア＝トルコ戦争（～78） |
| 1878　アブデュル＝ハミト2世、憲法を停止 |
| 1878　サン＝ステファノ条約、ベルリン会議 |

| エジプト |
|---|
| 1805　ワッハーブ派、メディナ占領 |
| 1805　ムハンマド＝アリー、エジプトの実権を握る |
| 1818　ムハンマド＝アリー、ワッハーブ王国を滅ぼす |
| 1831　第1次エジプト＝トルコ戦争（～33） |
| 1839　第2次エジプト＝トルコ戦争（～40） |
| 1869　スエズ運河完成 |
| 1881　ウラービーの反乱（～82） |
| 1882　イギリス軍、エジプトを保護国化 |

| イラン、アフガニスタン |
|---|
| 1747　アフガン王国独立 |
| 1796　カージャール朝成立 |
| 1826　イラン、ロシアとの戦争 |
| 1828　トルコマンチャーイ条約 |
| 1838　第1次アフガン戦争、イギリスの侵略失敗（～42） |
| 1848　バーブ教徒の乱 |
| 1857　イギリス＝イラン戦争終結（56～）イラン、アフガニスタンの独立承認 |
| 1878　第2次アフガン戦争（～80） |

# ロンドン大会 1908
## LONDON 1908

### CLOSE UP ❷
# 19世紀のイラン、アフガニスタン

イランでは18世紀末にカージャール朝がおこった。カフカスをめぐるロシアとの戦いに敗れたカージャール朝は、トルコマンチャーイ条約によって、関税自主権を失い、東アルメニアを割譲した。農民や商人、職人からなるバーブ教徒が社会改革を訴えて武装蜂起したが、政府軍に鎮圧された。

アフガニスタンではアフガン王国が北部の領有権を主張するカージャール朝の侵攻を受けた。アフガン王国の北からはロシアが、東からはイギリスが勢力拡大をうかがっていたが、ロシアの南進を恐れるイギリスはこれに介入し、アフガニスタンのイランからの独立を認めさせた。インドの権益も守りたいイギリスは3度にわたりアフガニスタンに侵攻し、英領インドとの境界を定めた。

### CLOSE UP ❸
# 太平洋の分割

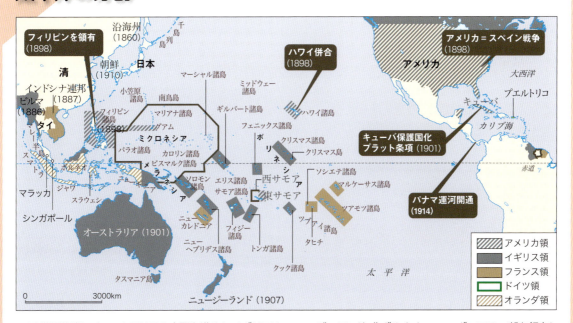

18世紀後半にオーストラリアの支配を進めたイギリスは、ニュージーランド、北ボルネオ、ニューギニアの一部を領有した。ドイツも1880年代以降、ミクロネシアなど太平洋中部の島々を獲得し、アメリカはスペインとの戦争の結果、フィリピンからグアムを譲り受け、ハワイも併合した。南太平洋に散在する島々も20世紀初めまでにイギリス、フランス、アメリカに分割された。

# 第5回 1912年
## 夏季オリンピック
# ストックホルム大会
### 1912 STOCKHOLM 5th SUMMER OLYMPIC GAME

| 開催国 | スウェーデン |
|---|---|
| 開催期間 | 5月5日〜7月27日 |
| 参加国(地域)数 | 28 |
| 参加選手数 | 2407 |
| 実施競技数 | 15 |
| 実施種目数 | 102 |

英豪華客船タイタニック号のアメニティ広告(1912年)。同船はこの年の処女航海で氷山に衝突、多くの犠牲者を出した

The Bridgeman Art Library/amanaimages

### 大会TOPICS
●近代オリンピックの理想を確立
スウェーデン王室は近代オリンピック復興当初から、クーベルタンとIOCに好意的だった。クーベルタンのよき理解者だった国王のグスタフ5世は第4回のロンドン大会であるべき姿に戻ったことを喜び、第5回大会をストックホルムに招致した。前回から各国のNOCごとの参加となったことで「国とは何か」を問うような様々な問題が出たが、スウェーデンのバルクIOC委員は「IOCの認めたスポーツの領域は、政治上の領域とは異なる。オリンピックには政治上の領域に関係なく独立して参加する資格がある」と主張。近代オリンピックの理想が確立されていった。

### 競技TOPICS
●アマチュア規定違反で金メダル2個剥奪
第4回大会から参加選手はアマチュアに限るという規定が設けられた。ネイティブ・アメリカンの血をひきスポーツ万能のジム=ソープは陸上の五種と十種競技に出場し圧勝した。タフト米大統領も「アメリカ市民最高の代表」と称賛したが、1909年と翌年の夏休みにマイナーリーグで週給25ドルをもらい野球選手として働いていたことが判明し、2つの金メダルは剥奪された。

### 日本代表TOPICS
●日本がオリンピック初参加
1909年、クーベルタンからの呼びかけで嘉納治五郎がアジアで初めてのIOC委員に就任した。1911年7月に大日本体育協会を設立し、今大会に陸上選手2人と役員2人を送り込んだ。

●世界の壁を痛感
前年11月の国内選考会で短距離で優勝した東京帝国大学の三島弥彦は100m、200mともに予選最下位。400mは予選通過したものの、疲労のため準決勝を棄権した。選考会でマラソンの世界最高記録をつくった東京高等師範学校の金栗四三は外国人に合わせた無理なペースで走り、32km過ぎで棄権した。

日本が初めて参加したストックホルム大会の開会式。日本は嘉納治五郎団長、大森兵蔵監督、陸上で100m、200m、400mに出場した三島弥彦、マラソンの金栗四三が参加し、IOC委員の嘉納の主張が通って「NIPPON」と表示されたプラカードで入場した

英軍が1908年に開発した最新鋭の単葉機。その後の第一次世界大戦には航空機が新兵器として登場した

英国での自動車工場の風景（1920年代）

## Column

### 整備された競技種目

近代オリンピックでは「実施競技種目は近代スポーツに限る」としていたが、実情はそうなってはいなかった。

ストックホルムの組織委員会副会長エドストローム（後に第4代IOC会長に就任）は競技の整備を進め、近代五種、馬術などは実施された一方、過去に実施されていたボクシング、バスケットボール、アーチェリー、レスリングのフリースタイル、ホッケー、ウェイトリフティング、スキーなどは見送られた。

また、クーベルタンたっての希望で入れられた芸術競技は、建築、彫刻、絵画、音楽、文学といった5部門で作品の競技会を行い、メダルを授与した。1948年の14回大会まで芸術競技は行われた。

| 実施競技 | 陸上競技、競泳・飛び込み・水球、サッカー、テニス、漕艇（ボート）、体操、レスリング（グレコローマン）、ヨット、自転車、馬術、フェンシング、射撃、近代五種、つな引き、芸術競技 |
|---|---|

# 国際情勢

**EUROPE**
1908年、青年トルコ革命に乗じて、オーストリアがボスニア・ヘルツェゴヴィナ併合を宣言した。スラブ系民族主義者の強い反発を呼び、第一次世界大戦の要因となる。

**ASIA**
1910年に日本が韓国を併合する一方、中国では孫文の辛亥革命により1912年、中華民国が成立する。

**AMERICA**
1910年、マデロの反乱によりメキシコ革命が起こる。ディアス独裁政権を打倒し、1917年に民主的憲法が制定された。

**AFRICA**
1908年、コンゴ自由国がベルギーに編入され、1912年にはフェス条約によりモロッコの大部分が正式にフランスの保護領となる。

**OCEANIA**
1908年、オーストラリアの首都をキャンベラに決定（正式に首都になるのは1927年）。

## CLOSE UP ❶
## 列強による中国の分割

　1895年の日清戦争の敗戦を機に、列強は清国を蹂躙した。鉄道敷設や鉱山採掘などの利権を狙って、中国各地を浸食していった。ロシアは遼東半島を日本から返還させた見返りに東清鉄道の敷設権を獲得し、続いて遼東半島南部を租借した。ドイツが宣教師殺害事件を口実に膠州湾を租借すると、続いてイギリスが威海衛を、フランスが広州湾を租借した。

　さらにロシアは中国東北部、ドイツは山東地方、イギリスは長江流域と広東東部、フランスは広東西部と広西地方、日本は台湾対岸の福建地方での利権の優先権を清に認めさせた。

　中国進出に後れをとったアメリカは、国務長官のジョン＝ヘイが中国の門戸開放、機会均等、領土保全を呼びかけ、列強の中国分割に待ったをかけた。

## CLOSE UP ❷
## 義和団事件と8ヵ国共同出兵

　1860年に清が諸外国と結んだ北京条約によって、キリスト教の布教が公認されると、布教活動が活発となり、それに比例して反キリスト教運動も各地で起きた。山東省の農村では自警団組織から生まれた宗教的武術集団の義和団が「扶清滅洋」を掲げて、鉄道やキリスト教会を襲った。清朝の実権を握る守旧派の西太后はこの運動を利用して列強に対抗しようとして、義和団が北京場内にまで押し入ると、各国に宣戦布告をした。

　各国は在留外国人の保護を名目に共同出兵に踏み切った。日本とロシアを主力とした8ヵ国連合軍は、北京を占領し在留外国人を救出した。ロシアはその後も中国東北部から撤兵せず、朝鮮への圧力を強めた。ここからロシアと日本は対立を深め、日露戦争へとつながる。

天津の居留民を救済するために出兵したイギリス軍と清国軍の戦闘

# ストックホルム大会 1912
## STOCKHOLM 1912

## 東アジア諸国の動向

### 中国

|  |  |
|---|---|
| 1894 | 日清戦争（～95） |
| 1895 | 下関条約 |
| 1898 | 戊戌の政変 |
| 1899 | アメリカのジョン＝ヘイ、門戸開放宣言 |
| 1900 | 義和団事件 |
| 1901 | 北京議定書（清と列国間で締結）、賠償金支払い、北京駐兵承認 |
| 1904 | 光復会結成 |
| 1905 | 孫文、中国同盟会結成。科挙廃止 |
| 1908 | 憲法大綱発表、国会開設の公約 西太后死去、宣統帝即位 |
| 1911 | 辛亥革命 |
| 1912 | 中華民国成立、孫文、臨時大総統に就任 宣統帝退位。袁世凱、臨時大総統に就任 |
| 1913 | 袁世凱、大総統就任 |
| 1915 | 袁世凱の帝政復活計画 |
| 1916 | 袁世凱、帝政復活宣言取り消し後、死去 |

### 朝鮮半島

|  |  |
|---|---|
| 1895 | 乙未事変 |
| 1897 | 国号を大韓帝国に改称 |
| 1898 | 馬山、平壌など開港 |
| 1904 | 第1次日韓協約（日本人を中心とする政治顧問） |
| 1905 | 第2次日韓協約（外交権喪失） 日本、韓国統監府設置（初代統監は伊藤博文） |
| 1907 | ハーグ密使事件→高宗退位 第3次日韓協約（日本、韓国内政権掌握、韓国軍解散） 抗日義兵闘争拡大 |
| 1909 | 安重根、伊藤博文を暗殺 |
| 1910 | 韓国併合条約締結 日本、朝鮮総督府設置（初代総督は寺内正毅） |

### 日本

|  |  |
|---|---|
| 1895 | 三国干渉 |
| 1896 | 日露議定書 |
| 1897 | 金本位制確立 |
| 1898 | 福建を勢力範囲にする |
| 1899 | 日英通商航海条約など改正条約発効（治外法権撤廃） |
| 1900 | 義和団事件に出兵 |
| 1902 | 日英同盟締結 |
| 1904 | 日露戦争 |
| 1905 | ポーツマス条約、韓国に対する指導、監督権獲得 |
| 1907 | 日露協約、日仏協約 |
| 1908 | 移民に関する日米紳士協約 |
| 1910 | 韓国併合 |
| 1911 | 関税自主権を回復 |
| 1915 | 対華二十一ヵ条の要求 |

## CLOSE UP ❸
## 辛亥革命

　清朝は満州民族による国であり、漢民族による清朝打倒運動が海外の華僑や留学生を中心に起こった。1894年にハワイで政治的秘密結社の興中会を結成した孫文は、広州で武装蜂起に失敗し、日本に亡命した。1905年、東京で中国同盟会を結成し、民族・民権・民生の三民主義を掲げた。1911年、四川暴動をきっかけに武昌で革命派が蜂起し、辛亥革命が始まった。蜂起は一気に各省に広がり、1ヵ月のうちに大半の省が独立を宣言した。帰国した孫文は臨時大総統に選ばれ、南京で中華民国の建国を宣言した。

　だが革命勢力が弱体で、社会変革も伴わなかったため、保守派との妥協を強いられ、清朝軍閥の袁世凱が大総統に就任した。その後、袁は独裁を強め、帝政復活を宣言するが内外の反対により失敗。失意のうちに病死した。

## COLUMN

# スポーツでも国際政治の場でも世界平和に尽力し、ノーベル賞を受賞したオリンピック・メダリスト

1920年の第7回アントワープ大会の陸上1500m走で銀メダルを獲得したイギリスのフィリップ＝ノエル＝ベーカー。彼はチームメイトのアルバート＝ヒルを追い上げながら、あえて不利な外側に出て、わずか2m遅れの2位となった。ヒルは800mでも優勝しており、ベーカーは「彼に2種目制覇させてやりたかったから」と述べたという。第15回大会ではイギリス選手団を引率し「イギリスのスポーツ史上、最も誠実で最も精力的な団長」といわれた。

ベーカーはプロテスタントの一派で絶対平和主義で知られるクエーカー教徒の家に生まれた。第一次世界大戦のパリ講和会議に外務省から派遣され、その後、国際平和の維持を目的に創設された国際連盟の事務局で働いた。アント

ワープ・オリンピックも、事務局での激務をこなしながらの出場だった。

大戦で兵士となることを拒否して医療担当の衛生兵となり、戦場の悲惨さを目にしたベーカーは、平和運動に取り組んだ。第二次大戦後はアトリー内閣で空相、連邦関係相、燃料動力相を歴任し、軍縮と核兵器廃絶を説き続けた。国際連合の設立にも尽力し、日本にもたびたび訪れて原水爆禁止運動にかかわった。1959年にはノーベル平和賞を受賞したが、その賞金の大半は軍縮運動の基金として寄付された。

1964年の東京オリンピックに来日したさい、「この核の時代に、人間にとって大きな希望は、オリンピック運動があるということだ」という言葉を残した。

## COLUMN

# アジア初のIOC委員となり、東京オリンピックの招致に尽力した嘉納治五郎

「近代オリンピックの父」クーベルタンは欧米以外にもオリンピックを広めるために、日露戦争で勝利した日本に注目した。友人で駐日大使のジェラールに適切なIOC委員の推薦を依頼し、そこで白羽の矢が立ったのが嘉納治五郎だった。嘉納は1882年に講道館を開いて、柔術諸流派を集大成した近代柔道の普及に尽力した「柔道の父」である。教育者としても知られ、学習院教頭、東京高等師範学校（現筑波大学）校長などを歴任し、柔道はもとより日本の体育、スポーツの発展に尽くした。

嘉納はクーベルタンの要請を受け1909年にアジアで最初のIOC委員となった。日本の国内オリンピック委員会（NOC）にあたる大日本体育協会（現日本体育協会）を設立し、その初代会長

に就任した。ストックホルム大会にはみずから団長として参加した。

その後、嘉納はオリンピックを日本に招致することに情熱を傾けた。ねらいを定めたのは1940年大会で、この年は紀元2600年にあたり、1923年の関東大震災からの復興を示す大会とも位置づけた。IOC委員の間では、日本の遠さを危惧する声もあったが、嘉納は「極東で開催してこそ、オリンピック運動の精神に適う」と力説した。1936年にベルリンで開催されたIOC総会で、4年後の東京大会開催の権利を獲得した。さらに2年後のカイロ総会にも老躯をおして出席し、冬季大会の札幌招致も成功した。だが、カイロからの帰途、氷川丸の船中で肺炎により亡くなった。77歳だった。

# II
## 大戦と民族運動下のオリンピック

# 第6回 1916年 夏季オリンピック ベルリン大会 中止

## 1916 BERLIN 6th SUMMER OLYMPIC GAME

### 大会中止までの経緯

1909年にベルリンで行われたIOC総会で、第5回大会がストックホルムで行われることが決まったが、開催地に名乗りを上げていたベルリンもその次に行われる1916年の第6回大会の開催が決定した。

ドイツは早速準備に取りかかり、ストックホルム大会が終わった翌年の1913年6月にはベルリン郊外のグリュネワルドに3万5000人収容の大競技場を完成させた。開催を2年後に控えた1914年7月28日、その会場でオリンピック陸上競技の第1次予選会が開かれた。そこに同盟国オーストリアの皇太子がサライェヴォで暗殺されたという情報がもたらされた。競技会場には直ちに弔旗が掲げられたが、サライェヴォ事件をきっかけにヨーロッパ全土を巻き込む第一次世界大戦が始まり、1916年のベルリン大会は開催中止となった。

## CLOSE UP ❶
### バルカン半島の危機

ナショナリズムと列強の思惑が複雑に交錯するバルカン半島は、「ヨーロッパの火薬庫」と呼ばれた。オーストリアは青年トルコ革命が起こると、管理下にあったボスニア・ヘルツェゴヴィナを併合した。この2州は大部分がスラヴ系住民でありセルビア編入を望んでいたため、併合は強い反発を呼んだ。

それに対してロシアは1912年、セルビア、ブルガリア、モンテネグロ、ギリシアのバルカン4国をバルカン同盟に結束させた。ロシアの支援を受けたバルカン同盟は、イタリア=トルコ戦争に乗じて、オスマン帝国に宣戦し、勝利を収めた(第1次バルカン戦争)。

これによってオスマン帝国はバルカン半島、エーゲ海、地中海の領土の大半を同盟側に譲渡し、アルバニアの地位を列強の決定にゆだねた。だが、獲得した領土をめぐって、ブルガリアと他のバルカン同盟諸国が対立し、第2次バルカン戦争が勃発した。敗れたブルガリアは先の戦勝の成果を失っただけでなく、新たに南ドブルジャ地方をルーマニアに割譲した。

2度のバルカン戦争は、敗戦国はもちろんのこと、戦勝国も満足させることはなかった。これが第一次世界大戦の直接の原因となった。

## CLOSE UP ❷
### 第一次世界大戦前の国際関係

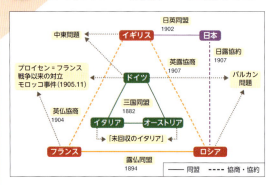

イギリス、フランス、ロシアは20世紀初頭のドイツの外交、軍事の発展を脅威とみて、3国によるドイツ包囲網を形成した。協力してそれぞれの植民地や勢力圏を守ろうとするもので、3国の協商に特定の規約はない。

ドイツはオーストリア、イタリアと1882年以来、三国同盟を結んでいたが、イタリアがトリエステ、南チロルなど「未回収のイタリア」をめぐってオーストリアと対立するようになった。イタリアはしだいに同盟から距離を置くようになり、三国同盟の実態はドイツ、オーストリア同盟に近いものだった。

このようにヨーロッパの列強がドイツとイギリスを中心とした2つの陣営に分かれ、1910年以降、軍備拡大を競い合っていた。

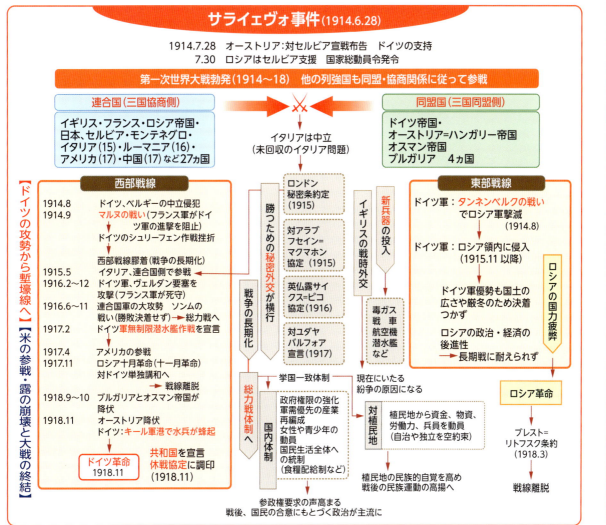

## CLOSE UP ❸
## 第一次世界大戦中のヨーロッパ

　1914年6月、オーストリア帝位継承者夫妻がボスニア州の州都サライェヴォでセルビア人の民族主義者に暗殺された。オーストリアはスラヴ系民族運動を抑える好機とみて、セルビアに宣戦布告した。これを発端に、第一次世界大戦が始まった。日本は日英同盟により、連合国側として参戦した。

　西部戦線では両軍とも塹壕に立てこもり一進一退の攻防を繰り広げ、東部戦線ではドイツ軍がロシア領内に侵入したが、広大な国土のロシアを降伏させることはできずに長期戦となった。戦争は国力を結集した総力戦となり、革命が起きたロシアが1918年3月に戦線離脱した。そして同盟国側で最後に残ったドイツにも革命が起こり、同年11月に休戦協定が結ばれた。

## 第7回 1920年

### 夏季オリンピック
# アントワープ大会

### 1920 ANTWERP 7th SUMMER OLYMPIC GAME

| 開催国 | ベルギー |
|---|---|
| 開催期間 | 4月20日～9月12日 |
| 参加国（地域）数 | 29 |
| 参加選手数 | 2622 |
| 実施競技数 | 23 |
| 実施種目数 | 156 |

第一次世界大戦下、退却するベルギー軍によって破壊されたアントワープ近郊の要塞（1914年）。同大戦でベルギーはドイツにその大半を占領された

The Granger Collection/amanaimages

### 大会TOPICS

●**第一次世界大戦で戦火にまみれたベルギーで開催**
第一次世界大戦が終わった翌1919年にクーベルタン会長は、5年ぶりにIOC総会を招集し、翌年の第7回大会を、あえて戦争で荒廃したベルギーのアントワープで開催することを決定した。「平和の祭典」というプレゼントを与え、喜びを分かち合おうとしたのである。

●**史上最大の大会に**
戦後初の大会は29ヵ国から2622人の選手が参加し、23競技156種目という過去最大の大会となった。また、初めてメーンスタジアムにオリンピック旗が掲揚され、開会式でスポーツマンシップを唱和する選手宣誓が行われた。

### 競技TOPICS

●**72歳で銀メダリスト**
オリンピックの最年長メダリストは、今大会、スウェーデンの射撃チームの一員としてランニング・ディア（単発）団体に参加したオスカー＝スバーンである。72歳と280日で銀メダルを獲得した。彼は第5回大会でも同種目で優勝しており、64歳258日での金メダル獲得も史上最年長記録である。

●**再レースでも世界新記録**
競泳の100m自由形では決勝レースがやり直しになった。当時はコースを分けるレーンが使用されていなかったため妨害があったとして再レースが行われ、ハワイ王家出身のデューク＝カハナモクが2度とも1位となった。1度目の方が記録はよかったが、記録が認定されたのは再レースの方で、それでも世界新記録だった。

### 日本代表TOPICS

●**2度目の参加で銀メダル2個獲得**
日本は陸上競技、水泳、テニスの3競技に15人の選手を派遣し、陸上や競泳では外国勢との差を痛感したものの、テニスでは熊谷一弥がシングルスで銀メダル、柏尾誠一郎と組んだダブルスでも銀メダルを獲得した。

男子テニスのダブルスで日本チーム（右）の熊谷一弥と柏尾誠一郎が決勝でイギリスのノエル＝ターンブルとマックス＝ウースナンと対戦。日本チームは惜しくも敗れたが、銀メダルを獲得した

## Column

### 初のメダリストは商社マン

　ヨーロッパ発祥のテニスを日本に紹介したのは、1878年に来日したアメリカ人教師ジョージ＝アダムス＝リーランドだという説が有力であるが、日本ではボールの入手が困難なため、日本独自の軟式ボールが生まれた。軟式テニスという独自の競技が普及した日本で、いち早く硬式テニスに切り替えたのは1913年で、慶応義塾が始まりである。

　アントワープ大会で銀メダルを獲得した熊谷が慶応在学中のことで、その年の暮れの東洋選手権で好成績を残している。もう一人のメダリストの柏尾や当時、世界に名をなしていた清水善造は軟式テニスの牙城だった東京高等商業学校（現一橋大学）出身だったが、この3人には1つの共通点があった。

　それは、みな卒業後に総合商社に就職しているということである。熊谷は三菱合資会社ニューヨーク支店に勤務しながらアメリカで腕を磨いた。清水と柏尾は三井物産に入社し、それぞれインドのカルカッタ、ニューヨーク支店に勤めていた。清水は在学中はまったく硬式ボールに触れたことがなかったが、インドをはじめとする海外で実力を蓄え活躍した。日本人の活躍を可能にしたのが総合商社勤務だったのである。

## 国際情勢

**EUROPE**
第一次世界大戦終了後、ヴェルサイユ条約が結ばれ、1920年には国際連盟が発足した。バルカン半島には1918年、南スラヴ統一国家、セルビア人、クロアチア人、スロヴェニア人王国（後のユーゴスラヴィア王国）が誕生。1917年の二月革命と十月革命が起きたロシアでは、ソヴィエト連邦が誕生した。

**ASIA**
ロシア革命にさいして連合国はチェコスロヴァキア軍捕虜救援の名目でシベリアに出兵したが、最大規模の兵を動員した日本は他国が撤兵しても1922年まで居残った。

# 第一次世界大戦後の世界

### ウィルソンの十四ヵ条

1. 秘密外交の廃止
2. 公海の自由
3. 関税障壁の廃止
4. 軍備縮小
5. 植民地問題の公平な解決（民族自決）
6. ロシアの完全独立とロシアからの撤兵
7. ベルギーの回復
8. アルザス・ロレーヌのフランスへの還付
9. イタリア北部国境の修正
10. オーストリア＝ハンガリーの民族自決
11. バルカン諸国の回復
12. オスマン帝国支配下の諸民族の自治
13. ポーランドの独立と海洋への出口保障
14. 国際平和機構（国際連盟）の設立

### ヴェルサイユ条約

1. 国際連盟の設立
2. ドイツは全植民地と海外の一切の権利を放棄
   ①フランスへ、アルザス・ロレーヌを返還
   ②ポーランドへ、ポーランド回廊・シュレジエンの一部を割譲
   ③ザール地方を国際連盟の管理下に置く。帰属は15年後の住民投票で決定
   ④ダンツィヒを自由市（国際連盟の管理下）とする
3. ドイツの軍備制限（陸軍10万人、海軍1万5000人、艦艇36隻、潜水艦・軍用航空機の保有禁止）
4. ライン川右岸50kmの地帯を非武装とし、左岸は連合軍が15年間保障占領
5. 巨額の賠償金の支払い（1921年4月、ロンドン会議で1320億金マルクと正式に決定）

> アメリカ合衆国のウィルソン大統領は1918年に国際連盟の設立や民族自決などをうたった十四ヵ条を発表した。そしてアメリカとイギリス、フランスが主導権を握り、連合国の代表によりパリで第一次大戦の講和会議が開催された。しかし、フランスやイギリスは植民地などの既得権益を手放さず、民族自決権も一部にしか適用されなかった。ウィルソンの十四か条は部分的にしか実現せず、敗戦国にも厳しいものとなった。
>
> 1919年6月、パリ郊外のヴェルサイユ宮殿でドイツとのヴェルサイユ条約が調印され、ドイツは全植民地を失い、巨額の賠償金が課せられた。ヴェルサイユ条約にはウィルソンの国際連盟構想も盛り込まれ、1920年に国際連盟が設立された。

## CLOSE UP ❶
## パレスチナ問題の端緒となったイギリスの戦時外交

イギリスはフランス、ロシアとの間で、オスマン帝国の領土を3国で分割する協定を結んだ。パレスチナについては、後日改めて協定を結んで特殊地域とすることも取り決められたが、さらにイギリスはアラブ民族とユダヤ人国家建設運動の双方に、パレスチナを含む地域での独立支援を約束した。このイギリスの三枚舌外交が、現在に至るパレスチナ問題の原因をつくったのである。

また、インドに対しては反英運動を弾圧するために、インド人を無審理で逮捕、投獄できるローラット法を成立させ、その後の大衆的な反帝国主義闘争のきっかけとなった。

# アントワープ大会 1920
## ANTWERP 1920

**AMERICA**
1917年にアメリカ合衆国は連合国側で第一次世界大戦に参戦し、翌年、ウィルソン大統領が十四ヵ条を発表し、戦後の世界秩序をリードした。

**AFRICA**
1914年、イギリスが南北ナイジェリアを統一して領有、エジプトを保護国とする。

**OCEANIA**
1920年、国際連盟、ニューギニア、ビスマーク諸島をオーストリアの、ミクロネシアを日本の、西サモア（現サモア）をニュージーランドの委任統治領とする。

## CLOSE UP ❷
# 第一次世界大戦後の国際秩序

### ヴェルサイユ体制下のヨーロッパ

凡例：
- 大戦後の新興国
- 主要条約締結地
- 軍備禁止区域
- 国際管理下の河川
- カーゾン線（1920年に提唱されたポーランドとロシアの国境）
- 住民投票がおこなわれたところ
- 大戦前のロシア帝国
- 大戦前のドイツ帝国
- 大戦前のオーストリア＝ハンガリー帝国
- 緑文字　国際連盟管理地域

❶ルール　❺チロル
❷ラインラント　❻トリエステ
❸ロレーヌ　❼ポーランド回廊
❹アルザス

パリ近郊の条約締結地
（条約締結地）
・ヴェルサイユ（対ドイツ）
・サン＝ジェルマン（対オーストリア）
・ヌイイ（対ブルガリア）
・トリアノン（対ハンガリー）
・セーヴル（対オスマン帝国）

### ヴェルサイユ体制下の世界

凡例：
- スペイン領
- ベルギー領
- アメリカ領
- イギリス領
- イタリア領
- ポルトガル領
- オランダ領
- イギリスの自治領
- デンマーク領
- フランス領
- 日本領
- イギリスの委任統治
- 南アフリカ委任統治

### ワシントン会議で締結された条約

| ワシントン会議 (1921〜22) | 〔提唱者〕米大統領ハーディング〔参加国〕英・仏・米・日・伊・蘭・中・ポルトガル・ベルギー ※日本の中国進出の規則、海軍の軍縮 |
|---|---|
| 四ヵ国条約 (1921) | 〔締結国〕英・仏・米・日 ※太平洋における領土の尊重 |
| 九ヵ国条約 (1922) | 〔締結国〕英・仏・米・日・伊・蘭・中・ポルトガル・ベルギー ※中国の領土保全、機会均等、門戸開放 |
| 海軍軍縮条約 (1922) | 〔締結国〕米・英・日・仏・伊 ※主力艦保有比率を米5・英5・日3・仏1.67・伊1.67に定めた |

　世界の恒久平和をめざす国際機構である国際連盟はスイスを本部とし、国際労働機関と常設国際司法裁判所も付与された。だが、敗戦国のドイツや共産主義革命の起こったソヴィエトは除外され、アメリカもヴェルサイユ条約の批准を拒否したため不参加となるなど、構成国に偏りがあったが、ヨーロッパに戦後の新秩序をもたらした。これをヴェルサイユ体制と呼ぶ。

　また、1921年から翌年にかけてワシントン会議が開かれ、そこでは中国の問題や海軍の軍縮がテーマとなった。四ヵ国条約により、日本は日英同盟を解消した。この会議により東アジア、太平洋地域における秩序が樹立され、ワシントン体制と呼ばれる。この両体制が1920年代の国際秩序の柱となった。

41

# 第8回 1924年

## 夏季オリンピック
## パリ大会

### 1924 PARIS 8th SUMMER OLYMPIC GAME

| 開催国 | フランス |
|---|---|
| 開催期間 | 5月4日～7月27日 |
| 参加国（地域）数 | 44 |
| 参加選手数 | 3088 |
| 実施競技数 | 19 |
| 実施種目数 | 126 |

1923（大正12）年9月の関東大震災で名所の凌雲閣が崩壊した浅草

朝日新聞社／アマナイメージズ

### 大会TOPICS

●更なる発展をめざして
IOCは各国内オリンピック委員（NOC）や各国際競技連盟（IF）とともに「オリンピック大会規定」を検討していた。第一次世界大戦もあり進展していなかったが、1921年、IOCは大会規定制定に向け、まず必須競技と大会組織委員会による選択競技とに分けることを決めた。また、冬季競技をオリンピックに導入するかも話し合われ、翌1922年の会議で、1924年にフランス・シャモニーでIOC後援の国際冬季競技大会を実施することを決定した。

●選手村が登場
メーンスタジアムの周囲に1軒4名収容の木造のコテージが50戸ほど建設され、日本のような小規模な選手団はそこに滞在した。

### 競技TOPICS

●サッカーで初出場のウルグアイが優勝
南アメリカ大陸から初参加したウルグアイは、1回戦でユーゴスラヴィアを7対0、2回戦でアメリカを3対0、準々決勝では地元フランスを5対1で退け、準決勝も優勝候補のオランダを2対1で撃破した。決勝のスイス戦も3対0で快勝し、ダークホースが金メダルを獲得した。

●テニス、ラグビーが今大会で姿を消す
第1回大会から実施されていたテニス、第2回、4回、7回大会で実施されたラグビーが、今大会を最後に行われなくなった。テニスは64年後の1988年、ラグビーは92年後の2016年に7人制として復活した。

### 日本代表TOPICS

●レスリングで銀メダル
陸上競技8名、水泳6名、レスリング1名、テニス4名の選手が参加し、レスリング・フリースタイル・フェザー級の内藤克俊が銅メダルを獲得した。陸上では織田幹雄が三段跳びで6位入賞、競泳陣も高石勝男が100m自由形で5位、斎藤巍洋が100m背泳ぎで6位、800mリレーが4位と健闘した。

PA Photos/amanaimages

陸上の男子100mで優勝し、オリンピックのスプリント種目で初めてイギリスに金メダルをもたらしたハロルド=エイブラハムズ。映画『炎のランナー』のモデルとなった

### Column

#### 『炎のランナー』が描いたパリ・オリンピック

　100mで優勝したイギリス代表のエイブラハムズはユダヤ人の富豪の息子で、潜在的な人種的偏見に悩まされていた。既成の慣習や束縛にことごとく反発しながらも、彼は祖国で初めてとなる短距離での金メダルを獲得することで、真のイギリス人になろうとした。

　映画のもう一人の主役のエリック=リデルは宣教師の息子で敬虔なクリスチャンであり、彼にとって走ることは神の恩寵を讃えることだった。エリックは安息日である日曜日に行われる100mを回避して信仰を守りながら、400mで勝利した。

　『炎のランナー』は主人公の2人を通して、第一次世界大戦後のヨーロッパに漂っていた疑念やイギリスの権威主義を浮かび上がらせ、国歌と個人と宗教というテーマを描ききり、不朽の名作という評価を得た。ヴァンゲリスが作曲したテーマ音楽は現在でも陸上競技大会でよく使用され、2012年のロンドン・オリンピックの開会式や表彰式でも流された。

## これまでの日本

| | | |
|---|---|---|
| 1897（明治30） | 金本位制採用 |
| 1902 | 日英同盟成立 |
| 1904 | 日露戦争勃発 |
| 1905 | ポーツマス条約締結 |
| 1910 | 韓国併合 |
| 1911 | 関税自主権を回復 |

| | | |
|---|---|---|
| 1915（大正4） | 中国に二十一ヵ条の要求 |
| 1921 | ワシントン会議（〜22） |
| 1918 | シベリア出兵。対ソ干渉戦争に参加 |
| | 米騒動勃発 |
| 1923 | 関東大震災が起こる |
| 1925 | 治安維持法、普通選挙法公布 |

## 国際情勢

**EUROPE**
1922年、ソヴィエト社会主義共和国連邦が成立。同年、イギリスの自治領としてアイルランド自由国が成立し、今大会から独自に選手団をオリンピックに派遣した。また、イタリアではムッソリーニが1919年にファシスト党を結成、1922年、ファシスト党内閣成立、ファシズムが台頭する。

**ASIA**
1920年、インドのガンディーが国民会議派大会で非協力運動を提示。1921年、中国で中国共産党が成立。

# ロシア革命とソヴィエト社会主義共和国連邦の成立

## CLOSE UP ❶
### 革命期のロシアと対ソ干渉戦争

第一次世界大戦による疲弊でロシアで大規模なデモが頻発した。労働者や兵士はソヴィエト(評議会)を組織して革命運動を推進した。1917年3月(ロシア暦2月)、ニコライ2世が退位し、ロマノフ王朝が消滅。臨時政府が樹立された。臨時政府とソヴィエトとの不安定な二重権力状態になったが、レーニンが指導するソヴィエト内のボリシェヴィキが同年11月(ロシア暦10月)、プロレタリア独裁をめざして武装蜂起し、史上初の社会主義政権をうち立てた。

ソヴィエト政権は全交戦国に無併合・無償金・民族自決の原則による講和を呼びかけた「平和に関する布告」を採択し、1918年3月、ドイツとブレスト=リトフスクで講和条約を結んだ。

### ■日本のシベリア出兵

ロシア国内では革命後、旧帝政派の軍人やボリシェヴィキに反対する政党が各地に反革命政権を樹立した。連合軍は反革命勢力を支援するために、シベリアなどに軍を派遣し、対ソ干渉戦争に乗り出した。シベリアにはチェコ軍捕虜の救出という名目で、1918年、日・英・米・仏などが軍隊を送った。各国7000名という協定に対して日本は7万3000名を派兵した。反革命政権が制圧され、1920年には外国軍はしだいに撤退を始めたが、日本は駐留を続け、国内外の非難により1922年に撤兵した。

ウラジヴォストークを分列行進する連合国軍の日本軍陸軍部隊

# パリ大会 1924
## PARIS 1924

**AMERICA**
1919年に禁酒法が、1924年に移民法が成立したアメリカ合衆国は、繁栄とともに保守化が進む。

**AFRICA**
1921年、旧ドイツ領東アフリカの一部ルワンダ・ブルンジ(現在のルワンダとブルンジ共和国)がベルギーの委任統治領となる。

**OCEANIA**
旧ドイツ領の南洋諸島が国際連盟の委任統治領として日本に任され、1922年、パラオ諸島のコロールに南洋庁が置かれた。

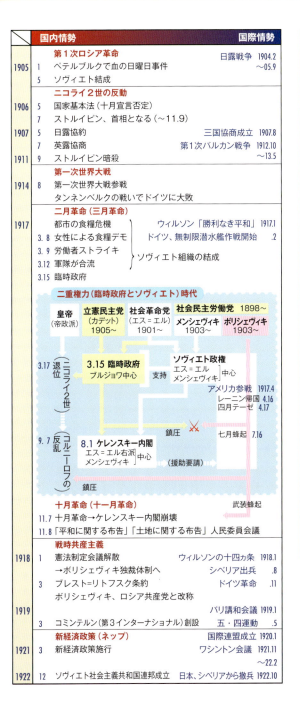

## CLOSE UP ❷
## ロシア革命の影響

各国共産党の成立年代(数字は成立年)
- 1910年代
- 1920年代
- 1930年代
- 1940年代

　レーニンはロシアで社会主義を成功させるためには、先進資本主義国での革命(世界革命)が不可欠と考えた。1913年3月、モスクワでコミンテルン(共産党インターナショナル、第3インターナショナル)を創設して、世界革命推進をめざした。コミンテルンはヨーロッパだけでなく、アジア諸国にも影響を与えた。

　1922年12月には、ロシア・ウクライナ・ベラルーシ(白ロシア)・ザカフカースの4ソヴィエト共和国が連合して、ソヴィエト社会主義共和国連邦(ソ連、ソ連邦)が結成された。ソ連はその後、拡大され、1991年の消滅まで、15のソヴィエト共和国、20の自治共和国などから構成された。

## 夏季オリンピック
# アムステルダム大会

### 1928 AMSTERDAM 9th SUMMER OLYMPIC GAME

| 開催国 | オランダ |
|---|---|
| 開催期間 | 5月17日～8月12日 |
| 参加国(地域)数 | 46 |
| 参加選手数 | 2883 |
| 実施競技数 | 16 |
| 実施種目数 | 109 |

東京中野銀行に預金引き出しのため詰めかけた群衆(1927年)。この年に休業した国内銀行は45行にのぼった

朝日新聞社／アマナイメージズ

## 大会TOPICS

### ●ラツールが第3代IOC会長に

1925年、IOCは総会において1914年から検討を進めていた「オリンピック憲章」を定めた。また、IOCが最高後援者となって1924年にシャモニー・モンブラン地方で開催された冬季国際競技大会を、第1回オリンピック冬季大会と認定した。さらに、第1回アテネ大会後に第2代IOC会長に就任し、創成期からオリンピックを牽引してきたクーベルタンが勇退し、ベルギーのラツール伯爵が第3代会長に選ばれた。

## 競技TOPICS

### ●芸術競技建築部門でメーンスタジアムが1位に

主競技場の設計を任されたヤン＝ワイルズはトラック1周を400mとし、トラックの外側に自転車の競争路を設けた。バックストレッチ側の中央スタンド下にはマラソンゲート、その外側にマラソン塔を設置し、マラソン塔で会期中火を燃やした(これが聖火台の起源となる)。主競技場の周辺には他競技の競技場も新設し、アムステルダム自体をスポーツ都市として構想し、ウィルスは芸術競技建築部門で金メダルを獲得した。

## 日本代表TOPICS

### ●日本人初の金メダルになった三段跳びの織田幹雄

前回大会において、三段跳びで6位入賞している織田は見事に優勝し、南部忠平も4位入賞を果たした。

### ●初挑戦の800mで2位になった人見絹枝

日本女子スポーツ界に彗星のように現れ、100mと走り幅跳びで世界記録を樹立した人見絹枝。今大会から陸上競技の女子種目が採用されることになり、日本で初めての女性オリンピック選手となった。走り幅跳びが採用されなかったため、100mに懸けたが、準決勝で思わぬ敗退をしてしまった。そこで急遽、本人の強い希望で一度も練習ですら走ったことがない800mに出場し、銀メダルを獲得した。

陸上女子800mに出場しドイツのリナ゠ラトケに次いで2位に入った人見絹枝。ゴール後、人見は意識を失った。オリンピックから帰国後、人見は女子スポーツの発展のため、講演会や後進の育成に飛び回った。選手としても精力的に世界を転戦し多くの種目に出場した。だが、精神的・肉体的な疲労が重なり、体調が悪化。結核性肺炎を発症し、アムステルダムで800mを走り抜いてからちょうど3年後の1931年8月2日、24歳の短くも濃厚な人生に幕を下ろした

上はプロレタリア作家・小林多喜二（1903～33、東京杉並の自宅で。1931年）。1933年に特別高等警察の拷問を受け死亡した。1929年に戦旗社から発表した代表作『蟹工船』（下）は発禁処分を受けた

## Column

### 想定外の日本人の優勝

　陸上の三段跳びで織田幹雄が金メダルを獲得したが、運営側は日本人の優勝を予期していなかったようで、掲揚する日章旗が用意されていなかった。急遽、選手が持参した応援用の日の丸がメーンポールに掲げられたが、通常の4倍もの大きさで、明らかにポールの長さとアンバランスな国旗掲揚となった。さらに音楽隊も日本の優勝を予想していなかったため、「君が代」が途中から演奏されるというハプニングも起こった。

　また、スタンドには当時、オランダ公使を務め、後に首相となる広田弘毅の姿があった。

## 国際情勢

**EUROPE**
1925年、中部ヨーロッパの安全保障に関するロカルノ条約が締結された。同年、ドイツではヒトラーの『わが闘争(上巻)』が刊行され、ゲルマン民族至上主義が披瀝された。1927年にジュネーヴで英・米・日による海軍補助艦の制限に関する会議が行われたが、利害の対立により決裂した。

**ASIA**
日本で治安維持法と普通選挙法が成立した1925年、中国では反帝国主義運動の五・三〇運動が起こった。1927年に日本で金融恐慌が起こったとき、中国では国民革命軍により北伐が行われていた。

# 第一次世界大戦後のアジア

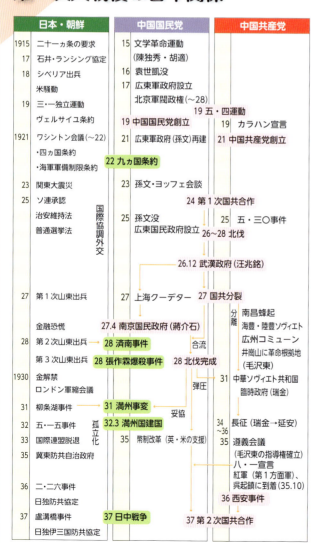

第一次世界大戦のさい、日本は中国に対してドイツ利権の継承などを求める二十一ヵ条の要求を出し、中国では抗日の気運が盛り上がった。パリ講和会議で、中国は二十一ヵ条の取り消しを訴えたが、列強によって退けられた。これに抗議して、1919年5月4日の北京大学でのデモをきっかけに日本商品の排斥やストライキなど抗日・愛国運動が広がった。山東省のドイツ利権はワシントン会議によって、日本から中国に返還された。

1921年に結成された中国共産党は党員が個人の資格で国民党に入党することを認め、第1次国共合作が成立した。1926年、中国の統一をめざして蔣介石率いる国民革命軍が北伐を開始したが、上海で蔣介石ら国民党右派が反共クーデターを起こし、南京に国民政府を立てた。

1928年に北伐が再開され北京に迫ると、日本は国民政府による中国統一を阻止するため、3次にわたり山東省に出兵した。この内政干渉に対し、中国の排日運動は激化した。

# アムステルダム大会 1928
## AMSTERDAM 1928

**AMERICA**
1926年、国際連盟の常任理事国入りを求めていたブラジルが拒否されたため、国際連盟を脱退した。

**AFRICA**
モロッコのアブド=アルカリームが1923年に樹立を宣言したリーフ共和国が、フランス・スペイン軍に敗れ、1926年に崩壊した。

**OCEANIA**
1926年、イギリス帝国会議がオーストラリア、ニュージーランドなどの内政・外交の自治権を宣言した。

## CLOSE UP ❷
# インド・東南アジア・西アジアの民族運動

| | インド | 東南アジア | 西アジア |
|---|---|---|---|
| 1919 | （大戦参加・戦後の自治約束）インド統治法、ローラット法、アムリットサール事件 | | 16 サイクス=ピコ協定<br>17 バルフォア宣言<br>19 アフガニスタン独立 エジプト、ワフド党の反英運動 |
| 1920 | ガンディー、非暴力・不服従運動の提示 | 20 インドネシア共産党成立 | 20 シリア・レバノン（仏の委任統治）イラク・ヨルダン（英の委任統治）オスマン帝国、セーヴル条約<br>22 トルコ革命、スルタン制廃止 エジプト王国独立（不完全）<br>23 トルコ共和国（ケマル=アタテュルク）樹立 ローザンヌ条約<br>24 トルコ、カリフ制廃止 |
| 1923 | 国民会議派分裂（スワラージ党結成） | | |
| 1925 | インド共産党成立 | 25 ベトナム青年革命同志会（ホー=チ=ミン）組織<br>27 インドネシア国民党成立（スカルノ）ベトナム国民党成立 | 25 イラン、パフレヴィー朝成立（～79）（レザー=ハーン）<br>26 ヒジャーズ=ネジド王国建国（イブン=サウード）<br>28 トルコ、文字改革（アラビア文字からローマ字へ） |
| 1929 | 国民会議派、プールナ=スワラージ決議 | | |
| 1930 | ガンディー「塩の行進」英印円卓会議 | 30 インドシナ共産党成立 | 32 イラク王国独立（ファイサル）サウジアラビア王国建国<br>33 トルコ、国際連盟加盟<br>35 パフレヴィー朝、国号をイランと改称<br>36 エジプト王国完全独立 |
| | | 34 フィリピン独立法 | |
| 1935 | 新インド統治法 ビルマ統治法→ビルマ分離 | フィリピン独立準備政府発足 | |
| 1936 | ネルー、国民会議派議長 | | |

インドでは、植民地政府の圧政に対して、非暴力を掲げるガンディーが不服従運動を提示し民族運動を民衆も加わる運動へと脱皮させた。1929年、国民会議派内のネルーなど急進派が完全独立（プールナ=スワラージ）を決議し、翌年にはガンディーが「塩の行進」を組織した。

東南アジアでも第一次大戦後、再び民族運動が広がり、オランダが支配するインドネシアでは1927年にスカルノを党首とするインドネシア国民党が結成された。フランスが支配するインドシナでは1925年にホー=チ=ミンがベトナム青年革命同志会を結成した。

西アジアではオスマン帝国（トルコ）でケマル=アタテュルクが1922年にスルタン制を廃止し、1923年にトルコ共和国を樹立した。エジプトは、イギリスが保護権を放棄して1922年にエジプト王国が成立したが、スエズ運河の支配権などは依然としてイギリスが保持し、1936年の同盟条約によって名目上、完全独立となったが、イギリスは運河地帯の兵力駐屯権は手放さなかった。同様にイギリスの保護国だったアフガニスタンは、1919年の第3次アフガン戦争で完全な独立を果たした。

## 第一次世界大戦後のインド

## 第一次世界大戦後の西アジア

# 第10回 1932年

夏季オリンピック

# ロサンゼルス大会

1932 LOS ANGELES 10th SUMMER OLYMPIC GAME

| 開催国 | アメリカ合衆国 |
|---|---|
| 開催期間 | 7月30日～8月14日 |
| 参加国(地域)数 | 37 |
| 参加選手数 | 1334 |
| 実施競技数 | 16 |
| 実施種目数 | 117 |

1930年、東京朝日新聞社の展覧会でテレビジョン実験の様子をご覧になる東久邇宮稔彦王殿下。五輪のテレビ中継が初めて行われたのは1936年のベルリン大会だった

朝日新聞社/アマナイメージズ

## 大会TOPICS

●参加国・参加者が激減
クーベルタンが「少なくとも4回に1回は、ヨーロッパ以外の都市で開くべきである」とかねてから主張していたこともあり、第10回大会はロサンゼルスに決まった。だが、ヨーロッパから遠隔の地であったため、大会組織員会が競技施設を充実させたものの、参加国・参加選手数が激減した。

## 競技TOPICS

●常連のサッカーが姿を消す
大会前年のIOC総会で、選手が競技に参加する場合、仕事を休んだ日の給料を補償しないことを決めたが、国際サッカー連盟(FIFA)では補償していた。IOCのアマチュア規定と異なるため、サッカーを除外せざるを得なかった。

●陸上競技で初めて写真判定装置が登場
オリンピック史上初のカービーカメラ(写真判定装置)が導入された。100分の1秒を争うようなきわどいレースでの使用に限られ、男子100m決勝では1着・2着が同タイムだったが、写真判定により勝敗が決した。

## 日本代表TOPICS

●東京招致を決め大選手団を派遣
1940年の第12回大会を招致しようと決めた日本は、今大会に役員を含め前回大会の4倍近い192人の選手団を派遣した。だが日本は前年に満州事変で中国東北部に進出するなど軍部の台頭が目立ち、在留日本人が多いロサンゼルスでも反日感情が高かった。

●競泳では男子6種目中5種目で金メダル
活躍が目立ったのは競泳で、男子6種目中5種目で金メダルを獲得。陸上では吉岡隆徳が100mで決勝進出を果たし、6位に入った。吉岡は1935年には世界タイ記録10秒3を出し「暁の超特急」と呼ばれる。走り幅跳びでは世界記録保持者の南部忠平が3位に終わったが、ほとんど練習していなかった三段跳びで優勝し、前回大会の織田に続き日本勢の連覇となった。

男子三段跳びで15m72の世界新記録で金メダルに輝いた南部忠平。織田幹雄とともに早稲田大学の陸上黄金時代を築いた南部は前回のアムステルダム大会で4位入賞し、1931年には走り幅跳びで7.98mの世界新記録を樹立していた。この記録は1970年に山田宏臣が破るまで39年間にわたり日本記録だった。ロサンゼルス大会では走り幅跳びは足を痛め3位に終わったが、三段跳びで優勝し、「跳躍日本」の名を世界に知らしめた

ロサンゼルス五輪（1932年）の馬術競技で愛馬ウラヌスとともに金メダルに輝いた西竹一騎兵中尉

## Column

### 硫黄島に散ったバロン西

　馬術で優勝した西竹一は騎兵中尉で、男爵の爵位を持っていた。馬のほかにもカメラや銃、オートバイ、車など多趣味で、語学も堪能だった。ロサンゼルスでも交友関係を広めた彼は「バロン西」と呼ばれ、反日感情が悪化していた現地の新聞でも、西の快挙は大いに讃えられた。

　それから13年後の1945年、西が戦車第26連隊長として赴任した硫黄島で米軍が上陸し、西はオリンピックで優勝したときの愛馬ウラヌス号のたてがみを身につけて戦っていたが、42歳で戦死した。

## 国際情勢

**EUROPE**
1928年に初の国政選挙で12議席を獲得したナチ党が1930年には第2党となり、ロサンゼルス・オリンピックが開会した1932年7月に第1党に躍進した。

**ASIA**
1931年9月に中国東北部で満州事変が勃発する一方、中国南部の江西省瑞金では11月に中華ソヴィエト共和国臨時政府が成立した。

**AMERICA**
1929年10月、ニューヨーク株式市場大暴落に端を発する世界恐慌が起こり、1933年までソ連を除く世界全体を巻き込む大恐慌となる。

**AFRICA**
豊富な地下資源を有するザイール（現コンゴ民主共和国）のカタンガと大西洋に面するアンゴラのベンゲラを結ぶベンゲラ鉄道が完成。

**OCEANIA**
1929年、西サモアでマウ運動のデモを弾圧、流血事件となる。

## CLOSE UP ❶
# 世界恐慌とその影響

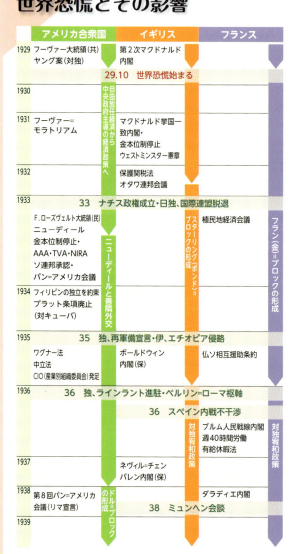

### 世界恐慌の波及とブロック経済

　1929年10月、ウォール街での株価暴落から、アメリカ合衆国は空前の恐慌に襲われた。世界経済の中心であるアメリカ合衆国の恐慌は世界中に波及し、アメリカ資本が引きあげられたヨーロッパ諸国も恐慌にみまわれた。フーヴァー大統領が宣言した賠償・戦債支払いの1年間停止も、恐慌を抑える効果はなかった。1933年に大統領となったフランクリン＝ローズヴェルトがニューディール（新規まき直し）政策を実施した。銀行の救済をはかったうえで、農業調整法（AAA）、全国産業復興法（NIRA）などで経済を安定させ、テネシー川流域開発公社（TVA）などの公共事業で失業者を減らそうとした。また、ラテンアメリカ諸国をドル経済圏に組み入れる善隣外交政策をとった。1933年に開催された世界経済会議で、政府の財政支出を容易にするために金本位制への復帰を拒否し、経済ブロック化の流れを助長することになった。

　イギリスではマクドナルドの挙国一致内閣で金本位制の停止を実施し、オタワ連邦会議ではイギリス連邦内の関税を下げ、連邦外の国に対して高関税を課すスターリング＝ブロックが結成された。

　フランスでは恐慌の影響が1932年になって表れ、植民地や友好国とフラン＝ブロックを築いて、経済を安定させようとした。ドルやポンド、フランなどの通貨を軸に経済圏をつくり、他国の商品を排除するブロック経済は、ブロック間の対立を激化させた。

# ロサンゼルス大会 1932
## LOS ANGELES 1932

### CLOSE UP ❷
# 1930年代の日中関係

　1931年9月、日本の関東軍は満州事変を起こし中国東北部の大半を占領すると、1932年3月、清朝最後の皇帝であった溥儀を執政にすえて満州国を建国させた。国際連盟のリットン調査団が満州国は中国人が自発的に建国したものでないとすると、日本は国際連盟を脱退した。

　中国国内では満州事変を機に抗日運動が全国に広がり、国民党と共産党が内戦を停止し、一致して日本に対抗する機運が高まった。1937年7月に日中戦争が始まると9月に第2次国共合作が成立した。中国は政府を南京から武漢、重慶と奥地に移して抗戦し、日本は南京に汪兆銘を首班とする親日政権を設立させた。

### 日中関係の動向

|  |  |
|---|---|
| 1930 | ロンドン軍縮会議<br>↓ 金解禁→恐慌悪化 |
| 1931 | 満州事変（柳条湖事件） |
| 1932 | 上海事変、満州国建国<br>↓ 五・一五事件 |
| 1933 | 国際連盟脱退<br>↓ 滝川事件 |
| 1934 | ワシントン・ロンドン条約破棄 |
| 1935 | 冀東防共自治政府<br>中国　八・一宣言 |
| 1936 | 二・二六事件<br>西安事件 |
| 1937 | 日中戦争（盧溝橋事件）<br>日独伊三国防共協定<br>中国、第2次国共合作<br>南京事件 |
| 1938 | 第1次近衛声明<br>国家総動員法<br>張鼓峰事件　武漢占領 |
| 1939 | ノモンハン事件<br>国民徴用令<br>米、通商航海条約破棄 |
| 1940 | 南京国民政府（汪兆銘）<br>北部フランス領インドシナ進駐 |

### 1930年代の東アジア

### CLOSE UP ❸
# 日本と満州国

　日本が満州に駐屯させていた関東軍は柳条湖の鉄道爆破を爆破し、それを口実として軍事行動を起こした。1932年1月には日本の軍部が上海で日中間の衝突を起こし、世界の注目を満州からそらして、3月に満州国を建国させた。

　日本の傀儡国家である満州国はロサンゼルス・オリンピックに選手を派遣しようとしたが、IOCとアメリカ側から参加を断られた。そこで、それまでオリンピックに参加していなかった中国は満州国が派遣しようとしていた劉長春選手を中国代表として派遣することに決め、劉は中国初のオリンピック選手となった。

リットン調査団と会見する満州国執政の溥儀

## 第11回 1936年

### 夏季オリンピック
# ベルリン大会
#### 1936 BERLIN 11th SUMMER OLYMPIC GAME

| 開催国 | ドイツ |
|---|---|
| 開催期間 | 8月1日～8月16日 |
| 参加国(地域)数 | 49 |
| 参加選手数 | 3963 |
| 実施競技数 | 21 |
| 実施種目数 | 129 |

ユダヤ人が経営する店への不買運動を呼びかけるナチ党員（1933年）。1935年にはユダヤ人から公民権を剥奪し、ドイツ人との結婚を禁止するなどの差別的な法律が制定された

The Granger Collection/amanaimages

### 大会 TOPICS

●**ヒトラーが大会組織委員会総裁に**
ベルリンでは1916年の第6回大会が予定されていたが、第一次世界大戦が勃発し中止となった。敗戦国となったドイツは1928年の第9回大会から復帰を許され、第11回大会の開催地に選ばれた。1933年1月に政権の座に就いたヒトラーは大会組織委員会総裁に就任し、10万人規模のメーンスタジアムを建設させるなど完璧な準備をめざした。アメリカなどではユダヤ人差別の激しいナチスのオリンピックには参加できないと抗議運動が起こり、一時は参加国が極端に少なくなることも懸念された。

●**オリンピック史上初の聖火リレーが行われる**
ユダヤ人のレーワルト組織委員会会長が解任され、後任に就いたスポーツ史家ディームは「オリンピック復活40年」を記念して、古代オリンピック発祥の地であるオリンピアで「オリンピックの火」を松明にともして、リレー形式でメーンスタジアムまで運ぶ聖火リレーを発案、実行した。

### 日本代表 TOPICS

●**三段跳びで日本人3連覇**
次の開催地として東京を立てている日本は、前回よりもさらに多い179人の選手を送り込んだ。陸上では三段跳びの田島直人が優勝し日本人3連覇。マラソンでは日本占領下の朝鮮出身孫基禎がオリンピック新記録で優勝した。棒高跳びでは激闘の末、西田修平と大江季雄が2位、3位に残った。審議の結果、決定戦を行わずに、4m25を1回目に成功さえていた西田を2位とした。2人は帰国後、銀・銅メダルを2つに切り、半分ずつつなぎあわせた。

●**流行語となった「前畑がんばれ!」**
競泳では男子で3個の金メダルを手にしたが、女子200m平泳ぎで前畑秀子が全競技種目で日本女子初となる金メダルを獲得した。実況放送を担当したNHKの河西三省アナが連呼した「前畑がんばれ!」は流行語になった。

PA Photos/amanaimages

開会式に参加したヒトラー総統。彼は若いころ、画家を志していたが、スポーツに関しては知識も情熱も持ち合わせていなかった。そんなヒトラーがオリンピックをナチス・ドイツを世界にアピールするプロパガンダの手段として利用したのがベルリン大会だった。メーンスタジアムでは、ドイツ選手が勝利するたびに、満場の観衆がロイヤル席の総統に向けてナチス式敬礼を捧げたという

ベルリン五輪記録映画『民族の祭典』ポスター（1938年）

Everett Collection/amanaimages

### Column

#### 記録映画がヴェネツィア映画祭で最高賞受賞

　ヒトラーはナチスの威力を世界に示すために、記録映画の製作に力を入れた。33歳の新進女流芸術家のレニ＝リーフェンシュタールを監督に据え、『民族の祭典』『美の祭典』をつくりあげた。彼女はナチス党大会を記録した映画『意志の勝利』でヒトラーに気に入られ、抜擢されたのだった。

　45人ものカメラマンからなる撮影隊は、撮影のためにフィールドに掘られた穴の中や、飛行船ツェッペリン号の上などあらゆる場所からレンズを向け、迫力ある画を切り取った。

　映画は16ヵ国版の編集がなされ、1938年に公開されると各国で多くの観客を集め大ヒットした。作中にはヒトラーやナチスを賛美するシーンがたびたびあり、映画上映をボイコットしようという運動も起こった。それでも「スポーツの美と力」をモチーフにしたこの作品は、ドイツ嫌いのフランスの批評家から「これは現代の最高峰だ」と評され、ヴェネツィア映画祭で最高賞を受賞した。ナチスのプロパガンダ映画という批判がある一方、歴史に残る記録映画の名作ともいわれている。

55

## 国際情勢

**EUROPE**
一党独裁を実現したナチス・ドイツの軍事拡張に対して、イギリスは宥和政策で対処し、ファシズム勢力の台頭を許した。

**ASIA**
長く王による専制的統治が続いていたタイでは、1932年に立憲革命によって、王制から立憲君主制となり、フィリピンでは1935年にケソン大統領のもと独立準備(自治)政府が発足するなど、民主化が進んだ。

# ファシズムの台頭

| | イタリア | | ドイツ | |
|---|---|---|---|---|
| 1919 | ●戦闘ファッショの結成<br>ダヌンツィオのフィウメ占領<br>北イタリアでストライキ | 戦後の経済混乱　ヴェルサイユ体制への不満　ムッソリーニの独裁 | ●ドイツ労働者党成立<br>ヴァイマル憲法 | ヴァイマル共和国(社会民主党)　賠償問題　　　　　　協調外交 |
| 1920 | | | ●二十五ヵ国の綱領<br>●国家社会主義ドイツ労働者党と改称 | |
| 1921 | ●全国ファシスト党 | | ●SA(突撃隊)を組織 | |
| 1922 | ●「ローマ進軍」<br>●ムッソリーニ内閣 | | ラパロ条約 | |
| 1923 | ●選挙法改正 | | ルール占領　インフレ激化<br>●ミュンヘン一揆 | |
| 1924 | ●フィウメ併合<br>●ファシスト党第一党<br>言論・出版・集会制限<br>他政党解散 | | シュトレーゼマン外交<br>ドーズ案 | |
| | | | ●ヒトラー『わが闘争』<br>ロカルノ条約<br>●SS(親衛隊)を組織<br>国際連盟加盟 | |
| 1926 | ●アルバニア保護国化 | | | |
| 1928 | ●事実上の選挙廃止 | | ●ナチ党不振 | |
| 1929 | ●ラテラノ条約 | | | |
| | | **1929　世界恐慌始まる** | | |
| 1930 | | | ●大統領非常大権(ヒンデンブルク)<br>米資本の引揚げ　失業者激増 | |
| 1931 | | | ナチ党・共産党勢力拡大 | |
| 1932 | | | ●ナチ党第一党 | |
| 1933 | | | ヒトラー内閣　国会議事堂放火事件<br>全権委任法　国際連盟脱退<br>ナチ党一党独裁 | |
| 1934 | | | ヒトラー総統(第三帝国) | |
| 1935 | エチオピア侵攻 | | ザール併合(住民投票)　再軍備宣言(徴兵制)<br>ニュルンベルク法(ユダヤ人迫害)<br>英独海軍協定 | |
| | ストレーザ戦線(反独)<br>国際連盟、対イタリア経済制裁決議<br>仏ソ相互援助条約、コミンテルン人民戦線テーゼ→中国、八・一宣言 | | | |
| 1936 | エチオピア併合宣言 | | ロカルノ条約破棄<br>ラインラント進駐 | |
| | ベルリン=ローマ枢軸、日独防共協定<br>スペイン内戦、独・伊のフランコ支援(〜39) | | | |
| 1937 | 日独伊三国防共協定<br>国際連盟脱退 | | 四カ年計画(戦争経済) | |
| 1938 | ミュンヘン会談(英・仏・独・伊)宥和政策の頂点 | | オーストリア併合<br>ズデーテン併合 | |
| 1939 | アルバニア併合<br>独伊軍事同盟 | | チェコスロヴァキア解体<br>独ソ不可侵条約(英・仏・ポーランド相互援助条約)<br>ポーランド侵攻 | |
| | | **第二次世界大戦参戦** | | |
| 1940 | 日独伊三国同盟 | | | |

　イタリアは第1次世界大戦の戦勝国だったが領土拡大ができず、戦後のインフレで生活を破壊された国民は政府への不信を強めた。強権的な指導者や国家が国民生活を統制して国家統合を計ることを主張するファシスト党のムッソリーニが、1922年「ローマ進軍」により国王の指示で首相に任命されると、一党独裁体制を確立した。ムッソリーニは自由や人権を制限する国家主義体制のファシズムを押し進め、アルバニアやエチオピアに侵略した。

　ドイツでもイタリアのファシズムに学んだヒトラーがヴェルサイユ条約破棄、民族共同体建設による国民生活の安定を唱え、世界恐慌によって社会が不安定になると、ナチ党は勢力を伸ばしていった。第一党になったナチ党は1933年、全権委任法によって国会の立法権を政府に移し、一党独裁体制を確立した。ナチス・ドイツは同年、軍備平等権が認められないことを理由に国際連盟を脱退し、1935年に再軍備を宣言。イギリスやフランスの抗議のなか、ザール地方の編入、ラインラント進駐などヴェルサイユ体制の破壊を進めた。

56

# ベルリン大会 1936
## BERLIN 1936

### AMERICA
アメリカ合衆国は1935年、統治するフィリピンに10年後の独立を約束した。
### AFRICA
第2次エチオピア戦争でアディスアベバがイタリア軍に占領され、エチオピア全土が併合される。
### OCEANIA
1933年に国際連盟を脱退した日本がパラオ諸島など南洋委任統治領を南洋島として併合した。

## CLOSE UP ❶
## ファシズム諸国の侵略

### ナチス＝ドイツ, イタリアの侵略

他国への侵略を続けるイタリアとドイツは、1936年にベルリン＝ローマ枢軸を結成し、翌年には日中戦争を開始した日本を含めて日独伊三国防共協定を締結した。第二次世界大戦の枢軸陣営の確立である。

## CLOSE UP ❷
## スペイン内戦

### スペイン内戦期の国際関係

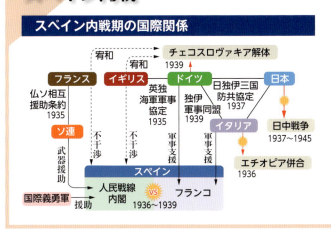

　1931年に王政が倒れたスペインでは、1936年の総選挙で人民戦線派が勝ち、アサーニャ内閣を樹立した。これに対し、軍人のフランコが旧王党派や地主層など保守層の支持を得て反乱を起こし、内乱へと拡大した。イギリスやフランスは不干渉の立場を取ったが、地中海地域の支配をねらうイタリアはナチス・ドイツとともにフランコ側を公然と支援し、政府側にはソ連の援助や欧米の社会主義者、知識人などが参加した国際義勇軍の支援があった。小規模な国際紛争に発展したスペイン内戦は、1939年にフランコ側がマドリードを陥落させて勝利した。

# 第12回 1940年 夏季オリンピック
## 東京大会・ヘルシンキ大会 中止

1940 TOKYO & HELSINKI 12th SUMMER OLYMPIC GAME

# 第13回 1944年 夏季オリンピック
## ロンドン大会 中止

1944 LONDON 13th SUMMER OLYMPIC GAME

### 大会中止までの経緯

　1936年のベルリン大会直前に、1940年の次回夏季大会が東京で開催されることが決定した（その後、冬季オリンピックの札幌大会も決定）。アジア初のオリンピックとなるはずだったが、1937年に日中戦争が勃発し、軍需優先となった日本は競技場などの建設が遅れ、世界各国からも帝国主義国の日本での大会開催に反対する声が高まった。1938年に東京大会の返上が決まり、第12回大会は代替地ヘルシンキで開催されることになったが、1939年に第二次世界大戦が始まったことで、こちらも中止となった。

　その次の第13回大会は1944年にロンドンで予定されていたが、この大会も戦争の激化により中止となった。

## 第二次世界大戦の始まり

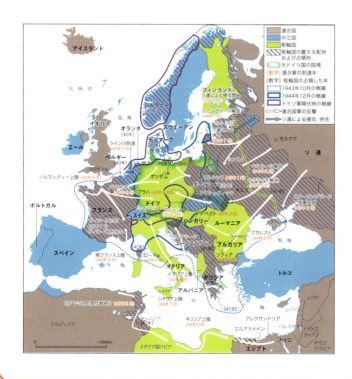

### ■ヨーロッパ戦線

　オーストリアやチェコスロヴァキアなど次々と領土を拡大するナチス・ドイツに対して、宥和政策に限界を感じたイギリスやフランスは軍備拡充を急いだ。1939年8月、ナチス・ドイツはソ連と独ソ不可侵条約を結ぶと、翌9月にポーランドに侵攻した。イギリス、フランスがドイツに宣戦布告して第二次世界大戦が始まった。

　ポーランドがドイツとソ連に分割される一方、ドイツ軍は西部戦線では1940年6月にフランスのパリまで占領した。ドイツ軍の優勢をみて、イタリアも参戦した。イギリスでは同年5月にチャーチルが首相となり、激しい空襲をしのいでドイツ軍の上陸を阻止した。1941年6月、ドイツ軍は不可侵条約を無視してソ連を奇襲した。ドイツ軍は年末にはモスクワに迫ったが、ソ連軍はドイツ軍の進撃を押しとどめた。

## CLOSE UP ❶
## 太平洋戦線とファシズム諸国の敗北

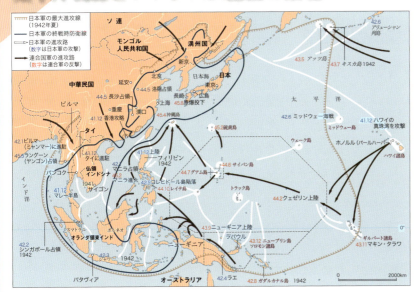

　日中戦争の長期化により国力を消耗させた日本は、資源を求めて南方へと進出した。フランスの敗北に乗じて、フランス領インドシナ北部に軍を派遣し、日ソ中立条約を結んで北方の安全を確保しつつ、1941年7月にはフランス領インドシナ南方に軍を進めた。日本の南方進出に対して、アメリカが日本への石油供給を停止すると、追いつめられた日本は米英との開戦に踏み切った。

　ハワイの真珠湾奇襲攻撃から太平洋戦争が始まり、日本軍はマレー半島、インドネシア、フィリピン、ソロモン諸島などを占領した。だが攻勢は半年程で、1943年1月のガダルカナル島撤退以降、アメリカ軍に敗退を続け、硫黄島、沖縄と陥落し、本土決戦間近となったところで、広島、長崎への原爆投下とソ連の参戦により降伏した。

　一方、太平洋戦争開戦とともにアメリカが参戦したヨーロッパ戦線では、イギリスとソ連の反撃により、ドイツ軍は劣勢となり、1943年初め、スターリングラードでソ連軍に降伏。イタリアも連合軍が北アフリカ側から上陸すると、同年9月に降伏。1944年6月、連合軍はノルマンディーに上陸し、8月にパリを解放した。追いつめられたドイツは1945年4月にヒトラーが自殺し、5月に無条件降伏した。

## CLOSE UP ❷
## 大戦終結までの首脳会談・宣言

　1941年8月、アメリカのローズヴェルト大統領とイギリスのチャーチル首相は、ファシズムの打倒をめざし、戦後の平和構想（大西洋憲章）を発表し、領土不拡大、民族自決など8ヵ条の原則は国連憲章の基礎となった。

　カサブランカ会談では枢軸国に対する「無条件降伏」の原則を確認し、蔣介石を交えたカイロ会談では対日処理方針を定めた。ソ連のスターリンとのテヘラン会談では北フランス上陸作戦が協議され、ダンバートン=オークス会議では国際連合設立について話し合われ、ヤルタ会談では対ドイツ処理問題とともに、秘密条項としてソ連の参戦と南樺太・千島領有を米英が了承した。そして、ポツダム会談で日本軍に無条件降伏を勧告することを定めた。

## この間の冬季オリンピック

### 第1回 1924年 CHAMONIX 1st
## シャモニー大会

| 開催国 | フランス |
|---|---|
| 参加国(地域)数 | 16 |
| 参加選手数 | 258 |
| 実施種目数 | 16 |

フランスのオリンピック委員会などが、オリンピックは夏季に限定とするクーベルタンIOC会長の意向を押し切って「試験的」に実施された。スキー（ノルディックのみ）、スケート(スピード、フィギュア)、アイスホッケー、ボブスレー、カーリングなどの競技が行われ、女子選手は13人で全員フィギュアでの参加だった。大会は成功し、翌年のIOC総会で正式に第1回の冬季五輪に認定。

### 第2回 1928年 SAINT MORITZ 2nd
## サン・モリッツ大会

| 開催国 | スイス |
|---|---|
| 参加国(地域)数 | 25 |
| 参加選手数 | 464 |
| 実施種目数 | 14 |

夏季大会開催国が冬季大会も優先的に開催できるとする規定ができたため、当初は夏季開催国オランダで冬季大会を行う予定だったが適地がなく、スイスに変更された。競技にはあらたにスケルトンが加わり、メダルは北欧諸国が独占。1925年に日本スキー連盟が設立された日本も初めて参加(6選手)したが、入賞はならなかった。

### 第3回 1932年 LAKE PLACID 3rd
## レークプラシッド大会

| 開催国 | アメリカ合衆国 |
|---|---|
| 参加国(地域)数 | 17 |
| 参加選手数 | 252 |
| 実施種目数 | 14 |

冬季では初めて北米での開催となったが、ヨーロッパから遠かったことや3年前からの世界恐慌の影響もあり、参加者が激減。初めて屋内リンクで行われたフィギュアの女子シングルではノルウェーのソニア=ヘニーが2連覇を達成した。日本勢はスキーとスケートに17人が参加、安達五郎(ジャンプ)の8位が最高成績で終わった。

### 第4回 1936年 GARMISCH-PARTENKIRCHEN 4th
## ガルミッシュ・パルテンキルヘン大会

| 開催国 | ドイツ |
|---|---|
| 参加国(地域)数 | 28 |
| 参加選手数 | 646 |
| 実施種目数 | 17 |

同年夏のベルリン大会を前に、ナチス政権下のドイツで開催。町中に貼られたユダヤ人排斥の宣伝物にIOC側が強く抗議し、撤廃させた逸話が残る。スキーにアルペン種目が追加され、女子フィギュアではソニア=ヘニーの3連覇が注目された(ヘニーは引退して後にハリウッド女優へ転身)。次大会開催を予定していた日本は役員を含め48人を派遣、当時12歳で女子フィギュアに出場した稲田悦子は現在でも日本の五輪最年少出場として記録されている。

# Ⅲ 東西冷戦下のオリンピック

## 夏季オリンピック
# ロンドン大会

### 1948 LONDON 14th SUMMER OLYMPIC GAME

| 開催国 | イギリス |
|---|---|
| 開催期間 | 7月29日〜8月14日 |
| 参加国（地域）数 | 59 |
| 参加選手数 | 4104 |
| 実施競技数 | 19 |
| 実施種目数 | 136 |

警察の取り締まりで閑散とする闇市の様子（1947年、浅草）。物資不足で配給では手に入らないため、闇取引による「自由市場」が全国に乱立した

朝日新聞社／アマナイメージズ

### 大会 TOPICS

●**大戦終結から3年で開催された「友情のオリンピック」**
第二次世界大戦により2度の中断を余儀なくされたが、大戦が終結してすぐの1945年8月下旬、ロンドンでIOC理事会が開かれ、立候補した6都市のなかから1944年に開催される予定だったロンドンが選ばれた。ロンドン大会は大戦終結から3年、いまだ戦争の痛手から復興途上の各国が協力し合って開催にこぎつけたことから「友情のオリンピック」と呼ばれた。

●**すべて既存の競技場を使用**
ドイツ軍の空襲に晒されたイギリスは戦争の傷跡が深く残り、財政的にも困窮していた。既存のサッカー専用のウェンブリー・スタジアムを一部改修してメーンスタジアムとし、その他の競技場もすべて既設のものを使用した。

●**聖火リレーが踏襲される**
ベルリン大会で評判となった聖火リレーは今回も行われ、1951年のIOC総会で「オリンピック憲章」に正式に加えられた。

●**日本とドイツは招待されず**
戦後初の今大会には前回のベルリン大会を上回る59ヵ国から4104人が参加した。だが、第二次世界大戦を引き起こしたドイツと日本は招待されず、ソ連は「オリンピックはブルジョアジーの大会」として選手を派遣しなかった。

### 競技 TOPICS

●**2児の母クン夫人が大会のヒロインに**
ファニーの愛称で親しまれるオランダのフランシナ＝ブランカース＝クンは30歳で2児の母親だった。彼女は1936年のベルリン大会にも参加していたが、当時18歳で走り高跳びで6位に入っている。それから12年、コーチと結婚して母親となってから次々と記録を更新し、今大会では100m、80mハードル、200m、400mリレーの4種目で金メダルを獲得した。彼女は「空飛ぶ主婦」と呼ばれ讃えられた。

ウェンブリー・スタジアムでの閉会式直前、大会最後の競技として行われた馬術。動物と人間が一緒に競技する馬術は唯一、男女の区別がない競技でもあり、「King of Sports」として敬意を払われ、最終日のメーンスタジアムで開催されていた

## Column

### 参加できない日本が国内大会で世界記録

　当時、日本の競泳陣は古橋広之進、橋爪四郎などが泳ぐたびに世界新記録を更新していた。日本水泳連盟会長やJOC総務主事の役職に就いていた田畑政治は日本勢がロンドン大会へ出場できるよう奔走したがかなわず、オリンピックと同時期に日本で全日本水上選手権大会を開催した。その大会の1500m自由形で古橋が18分37秒0、橋爪が18分37秒8のそれぞれ世界新記録を樹立した。

　当時、日本は国際水泳連盟から除名されていたため世界記録として公認されなかったが、ロンドン大会で優勝したアメリカのマクレーンが記録した19分18秒5を大きく上回るタイムだった。

## 国際情勢

**EUROPE**
1946年10月、フランスで第四共和政が発足、イタリアでは1945年からキリスト教民主党が政権を担当し、1946年、王制が廃止されて共和政となった。東ヨーロッパやバルカンでは1946年から1948年にかけて、アルバニア、ブルガリア、ルーマニア、ポーランド、チェコスロヴァキアなどで社会主義政権が成立した。

**ASIA**
第二次世界大戦終結とともに中国で国共内戦が始まり、朝鮮半島ではロンドン・オリンピック直後の1948年8月15日に大韓民国の樹立が宣言され、翌9月、朝鮮民主主義人民共和国が設立された。日本では連合国軍の占領下、1946年11月に新憲法が公布された。

## CLOSE UP ①
## 国際連合の設立

### 成立過程

| 年 | 月 | 事項 |
|---|---|---|
| 1941 | 8 | **大西洋憲章** F・ローズヴェルト(米)とチャーチル(英)の会談。戦後世界の構想と国際連合の基礎理念確立 |
| 1942 | 1 | **連合国共同宣言** 大西洋憲章の原則を確認 |
| 1943 | 10 | **平和機構設立宣言** モスクワでの外相会議における宣言(米、英、ソの外相／宣言は中国も参加)国際連合設立の一般原則 |
| 1944 | 7 | **ブレトン=ウッズ会議** 44ヵ国参加。国際通貨基金(IMF)、国際復興開発銀行(世界銀行、IBRD)の設立決定 |
|  | 8〜10 | **ダンバートン=オークス会議** 米、英、ソ、中の参加。国際連合憲章の草案作成(拒否権問題はヤルタ会談で決定) |
| 1945 | 4〜6 | **サンフランシスコ会議** 国際連合憲章採択。連合国50ヵ国(のちポーランドが入り、原加盟国51ヵ国)の憲章署名 |
|  | 10.24 | **国際連合発足** |

### ■国際連盟と国際連合の比較

|  | 国際連盟(本部・ジュネーヴ) | 国際連合(本部・ニューヨーク) |
|---|---|---|
| 加盟国 | 1920年発足。原加盟国42ヵ国。常任理事国は英、仏、日、伊。米は不参加、ソ連の加盟は34年 | 1945年発足。原加盟国51ヵ国。常任理事国は米、英、ソ(現ロシア)、中、仏 |
| 主要機関 | 総会、理事会(常任理事国:英、仏、日、伊)、事務局、国際司法裁判所、国際労働機関 | 総会、安全保障理事会(常任理事国は拒否権を持つ)、事務局、経済社会理事会、国際司法裁判所、信託統治理事会 |
| 表決手続 | 全会一致(全加盟国の同意が必要) | 総会は多数決(安全保障理事会は、常任理事国が拒否権を行使すると議決できない) |
| 戦争の禁止 | 国際紛争が発生した場合、理事会の報告後、3ヵ月間は戦争に訴えることを禁止 | 安全保障理事会による軍事行動(国連平和維持軍)と加盟国の自衛権行使以外は禁止 |
| 制裁措置 | 経済封鎖(通商上、金融上の関係を断絶し、違約国の国民との交通を禁止する)が中心 | 経済制裁、武力制裁もある。安全保障理事会による国連平和維持軍の派遣 |

1944年8月から10月にかけてワシントン郊外のダンバートン=オークスで開かれた米英ソ中の4大国の会議で国際連合憲章の草案がまとまり、1945年4月から6月に連合国50ヵ国が参加して行われたサンフランシスコ会議で正式に採択された。同年10月、国際連合が発足した。

国際連合では総会のほかに、米英仏ソ中の5大国が拒否権をもつ安全保障理事会が設置され、5大国の一致によって戦後の世界平和を維持しようとした。だが、米ソの対立が表面化すると、しばしば拒否権が発動され、安全保障理事会の機能が麻痺した。

## CLOSE UP ②
## 敗戦国の処理

ドイツでは米英ソの3国がポツダム協定に基づき、フランスを含めた4国による分割占領と共同管理、旧首都ベルリンの分割管理がなされた。また、ニュルンベルクに国際軍事裁判所が設置され、ナチス・ドイツの指導者の戦争犯罪が追及された。ゲーリングら12名が死刑、ヘスら3名が終身刑とされた。オーストリアはドイツと分離され4国の共同管理下に置かれ、イタリア、ハンガリー、ブルガリア、ルーマニア、フィンランドの旧枢軸国とは、1947年にパリ講和条約が結ばれた。

日本は事実上、アメリカ軍による単独占領下に置かれ、軍隊の解散、女性解放など民主的改革が実施された。東京にも極東軍事裁判所が設置され、東条英機ら7名が死刑判決を受けた。

東京裁判で、全員起立して起訴状朗読を聞く法廷関係者

# ロンドン大会 1948
## LONDON 1948

**AMERICA**
トルーマン大統領が1947年3月、ソ連封じ込め政策（トルーマン=ドクトリン）を宣言し、同年6月、マーシャル国務長官がヨーロッパ経済復興援助計画（マーシャル=プラン）を発表。

**AFRICA**
1946年、南アフリカ連邦でアフリカ人鉱山労働組合ストライキが起こる。

**OCEANIA**
1946年、ニューギニア島とビスマルク諸島がオーストラリアの、西サモアがニュージーランドの信託統治領となる。

## CLOSE UP ❸
## 米ソ冷戦の始まり

| | 西側（資本主義）陣営 | 東側（社会主義）陣営 |
|---|---|---|
| 1945 | 7 イギリスでアトリー内閣成立 | |
| 1946 | 3 チャーチル、アメリカのフルトンで演説<br>6 イタリアで共和国宣言<br>10 フランスで第四共和政発足<br>11 日本国憲法公布 | 1 アルバニア、人民共和国宣言<br><br>9 ブルガリア、人民共和国宣言 |
| 1947 | 3 トルーマン=ドクトリン<br>6 マーシャル=プラン<br>（ヨーロッパ経済復興援助計画） | 9 コミンフォルム（共産党情報局）結成<br>12 ルーマニア人民共和国、ポーランド人民共和国成立 |
| 1948 | 3 西ヨーロッパ連合条約<br>（ブリュッセル条約）<br>6 ドイツの西側管理地区で通貨改革 | 2 チェコスロヴァキアのクーデター<br>→共和党が政権掌握<br>6 ソ連によるベルリン封鎖<br>ユーゴスラヴィアがコミンフォルムから除名 |
| 1949 | 4 北大西洋条約機構（NATO）結成<br>9 ドイツ連邦共和国（西ドイツ）成立 | 1 経済相互援助会議（COMECON）創設<br>5 ベルリン封鎖解除<br>10 ドイツ民主共和国（東ドイツ）成立 |
| 1954 | 10 パリ協定→西ドイツの主権回復 | |
| 1955 | | 5 東ヨーロッパ相互援助条約<br>（ワルシャワ条約機構） |

東ヨーロッパはバルカン諸国には、大戦中、ソ連軍によって解放された国が多く、親ソ的な政権が樹立された。フランスやイタリアでも大戦中の抵抗運動で重要な役割をになった共産党が勢力を伸ばし、アメリカ合衆国はソ連への警戒感を強めた。1947年3月、トルーマン大統領は内戦状態にあったギリシアと、ソ連と対立していたトルコに軍事援助を与え、ソ連の拡大を封じ込めるトルーマン=ドクトリンを宣言した。続けて、マーシャル国務長官がヨーロッパ経済復興援助計画を発表すると、西欧諸国は援助を受け入れたが、ソ連と東欧諸国はこれを拒否。1947年9月に各国共産党の情報交換機関としてコミンフォルムを結成した。以後、冷戦と呼ばれる緊張状態が米ソ間で激化していった。

また、アジアでも朝鮮半島の南北分裂国家の誕生、国共内戦後の中華人民共和国の成立など、緊張の舞台は拡大した。

## CLOSE UP ❷
## 東西ヨーロッパの分断

1949年1月に経済相互援助会議（COMECON）が創設されるなど東欧諸国へのソ連の影響強化に対抗して、西側の資本主義陣営は同年4月にアメリカ合衆国も含めた12ヵ国が北大西洋条約機構（NATO）を結成した。

東西対立激化の結節点となったのが、ドイツのベルリンだったといえる。ドイツでは米英仏の占領地域とソ連の占領地域の分断が進み、1948年6月、ソ連は西ベルリンへの交通を遮断した。西側3国は物資を空輸してしのぎ、翌1949年5月に封鎖は解かれたが、東西ベルリンは分断された。同年、ドイツ連邦共和国（西ドイツ）とドイツ民主共和国（東ドイツ）がそれぞれ成立し、ドイツの分立が決定した。

## 第15回 1952年

夏季オリンピック

# ヘルシンキ大会

### 1952 HELSINKI 15th SUMMER OLYMPIC GAME

| 開催国 | フィンランド |
|---|---|
| 開催期間 | 7月19日～8月3日 |
| 参加国(地域)数 | 69 |
| 参加選手数 | 4955 |
| 実施競技数 | 18 |
| 実施種目数 | 149 |

朝鮮戦争下、丘陵を進撃する米軍部隊(1952年)。1953年に休戦したが、38度線を挟んだ南北の分断は今に続く

The Granger Collection/amanaimages

### 大会TOPICS

●**初の北欧での開催**
1908年の第4回大会から参加しているフィンランドは第二次大戦前からオリンピックを開催したいと考えていた。1947年のIOC総会でついに開催地に選ばれた。

●**ソ連、中華人民共和国が初参加、中華民国はボイコット**
1950年のヨーロッパ陸上競技選手権大会で好成績を収めたソ連はオリンピックに参加する意向を示し、かつて属国だったフィンランドに専用の選手村をつくらせるなど多くの要求をした。また、IOCは中国のNOCを認めていなかったが競泳選手1人の参加を特別に認めた。それを知った中華民国(台湾)は選手団を引き揚げ、参加しなかった。

### 競技TOPICS

●**社会主義国の選手が活躍**
初参加のソ連がメダル獲得数で2位に食い込み、ハンガリー、チェコスロヴァキアなど社会主義国の活躍が目立った。前回大会に続いて射撃のラピッド・ファイアー・ピストルで金メダルを獲得したハンガリーのタカチはもともと右利きでヨーロッパ選手権でも優勝した選手だったが、1938年に手榴弾で右手を失い、それから左手でトレーニングしてオリンピック2連覇を果たした。

### 日本代表TOPICS

●**16年ぶりに復帰し、レスリングで金**
1951年のIOC総会で復帰を認められた日本は12競技に72人の選手を送り込んだ。レスリング・フリースタイルに出場した石井庄八が今大会で唯一の金メダルを獲得した。

●**古橋は無念の8位**
リレーも含めて33度も世界記録を更新した「フジヤマのトビウオ」古橋は400m自由形に出場したが、調子が出ず8位に終わった。NHKの飯田次男アナウンサーは「日本の皆様、古橋を責めないでください」と涙声で訴えた。

苦しそうにあえぎながらも力強く走る姿から「人間機関車」の異名をもつチェコスロヴァキアのエミール＝ザトペック（右）がマラソンで2時間23分3秒2という記録で優勝した。5000m、10000mとあわせて、すべてオリンピック記録で金メダルを獲得した。前回大会でも10000m優勝、5000mで2位だった。ザトペックは1949年から1955年までの間に、5000mをはじめ、10000m、20000m、30000mまで、ヤード制を含めて公認される世界記録をすべて書き換えた。夫人のダナ＝ザトペコーワも槍投げの選手で、ヘルシンキ大会で優勝している

### Column

#### 「人間機関車」の明と暗

　エミール＝ザトペックは陽気で愛すべきアスリートだった。彼より15歳年下でオーストラリアの英雄ロン＝クラークはトラックの中・長距離で19回も世界記録を塗り替えたが、オリンピックだけは勝てなかった。1968年、最後のチャンスとなったメキシコ大会も高山病で倒れた。その後、クラークがザトペックを訪ねる機会があり、帰り際、空港でザトペックから「飛び立つまで開けないでほしい」と小さな箱を手渡された。

　政治的な何かを預けられたかと思ったクラークは、飛行機が飛び立ってからそれを開けた。そこにはヘルシンキの10000mのメダルとともにメモがあった。

「僕は金メダルを4つも持っている。君が1つくらい持っていてもおかしくないと思う。友達へ。エミール」

　現役引退後、ザトペックは共産党員としてチェコスロバキア陸軍大佐を務めるなど国防省で高い地位にあった。しかし、1968年、ドプチェク政権下の「プラハの春」で自由化政策を支持し、ワルシャワ条約機構の軍事介入に公然と抗議したため、軍と共産党から除名された。陸上界からも追放され、肉体労働を強いられた。後に語学力を買われ、スポーツ大会を通しての情報収集の任務に就いたが、陽気な笑顔は戻らなかった。

## 国際情勢

**EUROPE**
共産主義陣営のコミンフォルム（共産党情報局）結成、経済相互援助会議（COMECON）創設に対し、資本主義陣営も北大西洋条約機構（NATO）結成、ヨーロッパ石炭鉄鋼共同体条約（ECSC）締結などで対抗。

**ASIA**
東西冷戦の構造をアジアに移した朝鮮戦争が勃発し、中華人民共和国はソ連と相互援助条約を、日本は西側諸国とサンフランシスコ講和条約を結び、冷戦に深く組み込まれる。

**AMERICA**
1948年に採択されたボゴタ憲章に基づいて南北アメリカ大陸地域の国際機構である米州機構が成立。対共産圏輸出統制委員会

# アジアの動向

### CLOSE UP ❶
## 第二次世界大戦後のアジア

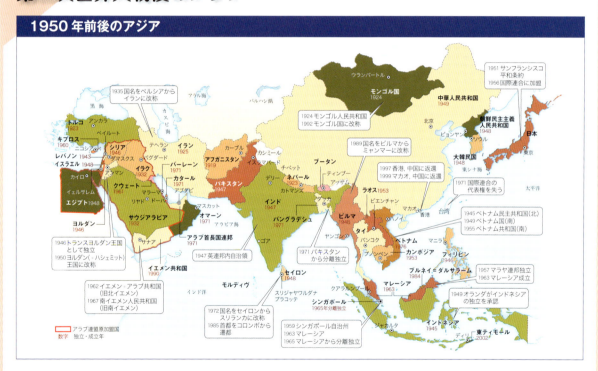

1950年前後のアジア

　東南アジアは、大戦中日本に支配されていた諸地域が民族運動の結果、次々と独立を果たした。オランダ領東インドでは1945年8月、スカルノを指導者にインドネシア共和国が独立した。1935年にアメリカに10年後の独立を約束されていたフィリピンは1946年にフィリピン共和国として独立した。
　フランス領インドシナでは終戦直後にホー＝チ＝ミンがベトナム民主共和国の独立を宣言した。だが、独立を認めないフランスとインドシナ戦争が起こった。ジュネーヴ休戦協定によりフランスはインドシナから撤退したものの、アメリカが休戦協定の調印を拒否し、南部にゴ＝ディン＝ジエムのベトナム共和国を樹立、南北に分断された。
　インドはヒンドゥー教を主とするインドとイスラーム教徒によるパキスタン共和国に分かれて独立した。エジプトなどアラブ7ヵ国は終戦前、アラブ諸国連盟を結成し、アラブの統一行動をめざした。パレスチナについては、国際連合によってアラブ人地域とユダヤ人地域の分割案が提示された。ユダヤ人はこれを受け入れてイスラエルを建国したが、アラブ諸国連盟は反対して、パレスチナ戦争が起こった。

# ヘルシンキ大会 1952
## HELSINKI 1952

(COCOM)を設立する一方、ソ連、ポーランド、チェコスロヴァキアが調印を拒否した対日講和条約を結び、冷戦構造が深まる。
### AFRICA
南アフリカ連邦(現南アフリカ共和国)では1948年の総選挙で、白人の危機とアパルトヘイトの必要性を訴えた国民党のマランが圧勝し、「人種間通婚禁止法」「人口登録法」「人種別集団地域法」などが施行される。
### OCEANIA
1951年、オーストラリア、ニュージーランド、アメリカが太平洋安全保障条約(アンザス条約)に調印する。

## CLOSE UP ❷
## 第二次世界大戦後のアジア諸地域の動向

| | 西アジア・南アジア・東南アジア | 中国・朝鮮・日本 |
|---|---|---|
| 1945 | 3 アラブ諸国連盟結成<br>8 インドネシア共和国独立宣言<br>9 ベトナム民主共和国成立 | 8 日本、ポツダム宣言受諾<br>　降伏文書調印<br>10 中国、双十協定調印 |
| 1946 | 3 ヨルダン独立<br>4 シリア独立<br>7 フィリピン共和国独立宣言<br>12 インドシナ戦争勃発 | 1 中国、政治協商会議<br>　→国共内戦再開<br>11 日本国憲法公布 |
| 1947 | 8 インド・パキスタン分離独立<br>10 カシミール紛争<br>11 国連、パレスチナ分割案採択 | 10 共産党の新中国建国宣言 |
| 1948 | 1 ビルマ独立。ガンディー暗殺<br>2 セイロン独立<br>5 イスラエル建国宣言<br>　パレスチナ戦争(第1次中東戦争) | 8 大韓民国成立<br>9 朝鮮民主主義人民共和国成立 |
| 1949 | 6 ベトナム国成立<br>7 ラオス王国、仏連合から独立<br>12 インドネシア連邦共和国成立 | 10 中華人民共和国成立 |
| 1950 | | 2 中ソ友好同盟相互援助条約<br>6 朝鮮戦争勃発 |
| 1951 | 5 イラン、石油国有化宣言 | 9 サンフランシスコ平和条約 |
| 1953 | ラオス、カンボジア独立 | |
| 1954 | 7 ジュネーブ休戦協定 | |

中国は第二次世界大戦末期から続いていた国民党と共産党の衝突が再燃し、国共内戦となった。国民党軍は敗退を重ね、台湾に逃れ、中華民国政府を維持した。共産党は1949年10月、北京で中華人民共和国の成立を宣言した。

朝鮮は1943年のカイロ会談で独立が約束されていたが、終戦直後に北半分をソ連が、南半分をアメリカ合衆国が占領下においた。米ソによって南北統一方法が協議されたが、米ソ対立が激化し協議も決裂。1948年にアメリカから帰国した李承晩を大統領に大韓民国が成立し、北でもソ連が支持する金日成を首相とする朝鮮民主主義人民共和国が独立し、南北が分断した。1950年6月、北朝鮮軍が38度線を超えて侵攻し、朝鮮戦争が始まった。

## CLOSE UP ❸
## 朝鮮戦争

| 北朝鮮 | |
|---|---|
| 軍死傷者 | 52万人 |
| 民間死傷者 | 200万人 |
| **中国** | |
| 軍死傷者 | 90万人 |
| **韓国** | |
| 死者<br>行方不明者 | 76万人 |
| 負傷者 | 23万人 |
| **アメリカ** | |
| 軍戦死者 | 3万3629人 |
| 軍負傷者 | 10万3284人 |

(『日本歴史大系18』山川出版社による)

開戦当初、北朝鮮軍は半島南端まで一気に進撃した。北朝鮮の行動を国際的共産主義活動の一環とみなしたアメリカが中心となって国連軍が組織され、ソウルの西に位置する仁川に逆上陸した。仁川と釜山に挟まれるかたちとなった北朝鮮軍は混乱して、敗走した。国連軍が一気に中国国境まで追撃すると、北朝鮮を支援する中国が人民義勇軍を派遣し、ふたたび盛り返した。その後、38度線を挟んで膠着状態となった。1953年に休戦協定が成立し、南北の分断が固定化された。

# メルボルン大会

夏季オリンピック

1956 MELBOURNE 16th SUMMER OLYMPIC GAME

| 開催国 | オーストラリア |
|---|---|
| 開催期間 | 11月22日～12月8日 |
| 参加国（地域）数 | 67（29） |
| 参加選手数 | 3155（159） |
| 実施競技数 | 17（1） |
| 実施種目数 | 145（6） |

※馬術競技のみストックホルム（スウェーデン）で6月10日～17日に開催、カッコ内は馬術競技の数字

ハンガリー事件後、ソ連の支援を受けたカダル政権下で反体制派側メンバーらの多くが秘密裏に処刑された。写真は記念館に飾られた犠牲者のポートレイト

Polaris/amanaimages

### 大会TOPICS

●南半球で初めての開催
1949年のIOC総会で、ブエノスアイレスとの決選投票の結果、1票差でメルボルンが開催地に決まった。南半球で初の開催で7月・8月は真冬となるため、11月～12月開催となった。また、オーストラリアの法律では検疫が6ヵ月もの長期間、必要なため、馬術競技を実施することが事実上不可能で、馬術のみストックホルムで単独開催された。

●東西ドイツが統一選手団で参加
西ドイツは1952年の大会からオリンピックに復帰し、東ドイツも参加を求めていた。IOCは両国の統一選手団であれば参加を認めるとの条件を出し、東西ドイツは議論の末、団長は選手の多いほうから出す、国歌の代わりにベートーベンの「第9交響曲」を使うなどを合意し、参加を実現した。

### 競技TOPICS

●水球ハンガリー対ソ連戦の流血事件
大会直前、ソ連の影響下に置かれていたハンガリーで改革派の蜂起が起こり、ソ連軍の侵攻により鎮圧された（ハンガリー事件）。今大会でハンガリーの国技ともいえる水球でソ連との対決が実現し、試合は序盤からラフプレーの応酬となった。試合終了直前にはハンガリーの選手がソ連の選手に殴られ、右目尻を切り出血した。会場は騒然となり試合は中断。審判は試合を終了させ、ハンガリーが4対0で勝利した。ハンガリーは次の試合も勝利しオリンピック連覇を果たした。

### 日本代表TOPICS

●「潜水泳法」の古川、レスリングの笹原ら4つの金
男子200m平泳ぎの古川勝は独特の「潜水泳法」で注目され、見事優勝したが潜水泳法はこの大会限りで禁止となった。レスリング・フリースタイルでは開会式で旗手を務めた笹原正三と池田三夫が、体操では小野喬が鉄棒で、それぞれ金メダルを獲得した。

陸上競技でアメリカ旋風が吹き荒れるなか、5000mと10000mの2種目を制覇したソ連のウラジミール＝クーツ

### Column

#### 紛糾する中国問題

　中国のオリンピック委員会は、もともと南京に本部を置いていた。1949年に毛沢東が北京を首都とする中華人民共和国を樹立すると、台湾に脱出した蔣介石は台北を首都に定めた。中国オリンピック委員会も2つに分裂し、双方が正当性を主張する状態に陥った。1954年に行われたアテネのIOC総会で23対21という僅差で、中華人民共和国のオリンピック委員会が正統な委員会と認められた。

　ところが、同時にブランテージ会長が「中華民国のオリンピック委員会も認める」と声明を発表したことで混乱が生じた。メルボルンの選手村には台湾の国旗が掲揚され、これに激怒した中華人民共和国がメルボルン大会への参加を取りやめた。

　2つの中国が共存を認め合うようになるのは、それから20年以上が経過した1979年、名古屋におけるIOC理事会まで待たなければならない。

## 国際情勢

**EUROPE**
1956年10月、ハンガリーで社会主義体制とソ連からの離脱を求める大衆行動が全国に波及したが、ソ連の軍事介入により鎮圧された。このハンガリー動乱の影響で、オランダ、スペイン、スイスがオリンピックをボイコットした。

**ASIA**
1956年、エジプトのナセル政府はスエズ運河の国有化を宣言。これに対しイギリス、フランス、イスラエルはエジプトに軍事行動を起こしたが、エジプト国民の抵抗と国際世論の非難の前に3国は撤退した（スエズ戦争、第2次中東戦争）。スエズ戦争によりエジプト、イラク、レバノンはメルボルン・オリンピックを棄権した。

# 軍拡競争と核軍縮への道

## CLOSE UP ❶
### 軍拡競争の激化

大戦終結後から1950年代にかけて、冷戦が激化し各地で戦争や対立が起こった。1946年からインドシナ戦争、1948年からベルリン封鎖、1950年から朝鮮戦争など東西陣営の衝突が起こった。米ソは各国を陣営に組み込むため、アメリカ合衆国は米州機構、北大西洋条約機構（NATO）、太平洋安全保障条約（ANZUS）、東南アジア条約機構（SEATO）、日米安全保障条約を締結し、ソ連はワルシャワ条約機構、中ソ友好同盟相互援助条約などで対抗した。

その間、パレスチナ問題が続く中東では断続的に戦争が勃発した。

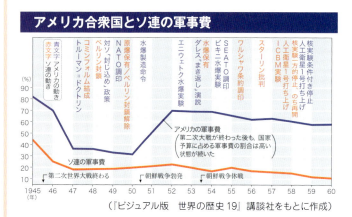

朝鮮戦争が始まった1950年からアメリカの軍事費は上昇しはじめ、1953年に大統領に就任した共和党のアイゼンハワーは、それまでの民主党のトルーマン大統領の対共産圏「封じ込め政策」を手ぬるいものと批判し、より積極的な「巻き返し政策」を提唱した。有事のさいでなくても巨額の軍事費を支出し、原子力、ミサイル、航空機、電子などの分野で、軍部と軍需企業が癒着する軍産複合体といわれる傾向が進んでいった。

対するソ連は、1953年にスターリンが死去すると、外交政策の見直しが始まり、1956年のソ連共産党第20回大会でフルシチョフ第一書記がスターリン批判を行い、民主化や軍縮の方向性を打ち出した。

# メルボルン大会 1956
## MELBOURNE 1956

**AMERICA**
1952年に水爆実験に成功したアメリカ合衆国が1954年、ビキニ環礁で核実験を行う。同年、原子力潜水艦ノーチラス号も進水させた。

**AFRICA**
1955年、バンドンで29ヵ国の代表が参加した第1回アジア=アフリカ会議が開かれ、平和十原則が採択された。

**OCEANIA**
1954年、オーストラリア、ニュージーランドが東南アジア条約機構(SEATO)に加盟。

## CLOSE UP ❷
## 核実験と核軍縮への道

### 各国の核実験場と実験回数（1945～1963年）

| 国別実験回数 | |
|---|---|
| アメリカ | 293 |
| ソ連 | 164 |
| イギリス | 23 |
| フランス | 8 |

アメリカに続きソ連も1949年に原子爆弾の製造に成功した。1952年、アメリカが初の水素爆弾の実験を行うと、翌年にソ連も水爆の保有を明らかにし、両国の核兵器開発競争は続いた。他方、日本での原水爆禁止運動をはじめとする核軍縮への取り組みも徐々に進み、核保有国の間でも1970年に核不拡散条約が発効、米ソ間では1991年の第1次戦略兵器削減条約(START1)、2002年のモスクワ条約、2011年の新戦略兵器削減条約と核軍縮が進んだ。

2017年には核兵器の開発や保有、使用を禁ずる核兵器禁止条約が署名されたが核保有国や日本は不参加で、核兵器廃絶への道なかばである。

### 世界の非核地帯と核拡散の現状

# 第17回 1960年 夏季オリンピック

## ローマ大会

### 1960 ROME 17th SUMMER OLYMPIC GAME

| 開催国 | イタリア |
|---|---|
| 開催期間 | 8月25日〜9月11日 |
| 参加国(地域)数 | 83 |
| 参加選手数 | 5338 |
| 実施競技数 | 18 |
| 実施種目数 | 150 |

1959年1月、カストロらの武装闘争でキューバのバティスタ政権が倒れた(キューバ革命)。左端がカストロ、中央はチェ=ゲバラ

Polaris/amanaimages

### 大会TOPICS

●3度目の正直で開催地となったローマ

ローマは過去2度開催地に立候補していた。最初は1908年の第4回大会で、開催地に選ばれたものの、イタリア政府とオリンピック委員会の間で経費面などで対立し返上。2度目は1940年の第12回大会で、このときは東京からの強い要請で最終的には立候補を辞退した。3度目の今大会は、決選投票でスイス・ローザンヌを破り、「現代と古代の調和」をテーマに念願の開催実現となった。

### 競技TOPICS

●裸足のアベベ

カンピドリオの丘にある市庁舎前をスタートし、シーザーが切り開いたアッピア街道を走り、コンスタンチヌスの凱旋門がゴールに設定されたマラソンは、古代と現代を調和させたコースだった。かつてイタリアに侵略され併合された歴史を持つエチオピアから出場したアベベは、裸足でコンクリートや石畳のコースを走り抜け、2時間15分16秒の世界最高記録で優勝した。

●デンマークの自転車競技選手がドーピングで死亡

自転車競技団体100kmロードレースは酷暑のなかで行われ、デンマークチームのイエンセンが途中で倒れ、そのまま死亡した。後にイエンセンを検視したところ血管拡張剤と興奮剤が検出された。

### 日本代表TOPICS

●次期東京大会が決まり大選手団を派遣

前年のIOC総会で、次の1964年大会が東京で開催されることが決まった。日本は167人の選手を送り、18競技中の16競技に参加した。陸上競技、競泳・飛び込み、水球、体操、レスリング、ボクシング、ウェイトリフティング、バスケットボール、ホッケー、漕艇、ヨット、自転車競技、射撃、フェンシング、馬術、近代五種である。サッカーは地区予選で敗れ参加資格を失い、カヌーは国内に統括組織がないため見送りとなった。体操男子では強豪ソ連を倒して団体総合で初めて金メダルを手にした。

競泳の400m自由形を制したマレー＝ローズと1500mを制したジョン＝コンラッズのオーストラリア・コンビ

新安保条約の強行採決への抗議で国会正面に押し寄せたデモ（1960年）

## これまでの日本

|  |  |
|---|---|
| 1927（昭和2） | 金融恐慌始まる |
| 1930 | 金解禁 |
|  | ロンドン軍縮会議 |
| 1932 | 五・一五事件 |
| 1933 | 国際連盟脱退を通告 |
| 1936 | 二・二六事件 |
| 1937 | 日中戦争勃発 |
| 1940 | 日独伊三国同盟締結 |
| 1941 | 太平洋戦争開戦 |
| 1945（昭和20） | ポツダム宣言受諾 |
| 1946 | 日本国憲法公布 |
| 1951 | サンフランシスコ講和条約調印 |
|  | 日米安全保障条約調印 |
| 1954 | 自衛隊発足 |
| 1960 | 高度経済成長始まる |
| 1970 | 大阪で日本万国博覧会開催 |
| 1972 | 沖縄、日本に復帰 |
|  | 日中国交正常化 |

## 国際情勢

**EUROPE**
1958年に首相に就任したソ連のフルシチョフが1959年、訪米し米ソ共同宣言を発表するなど、歩み寄りの姿勢をみせた。また宇宙開発で先行するソ連は1957年、人工衛星スプートニク1号の打ち上げに成功し、その2年後にはロケットを月面に到着させた。

**ASIA**
1958年、中国軍が金門島を攻撃し、台湾海峡の緊張が高まった。同年、イラクで軍事クーデターが起こった。国王、首相が殺害された。王制が打倒され、共和制が成立した。

# 第三世界の台頭と限定的平和共存の時代

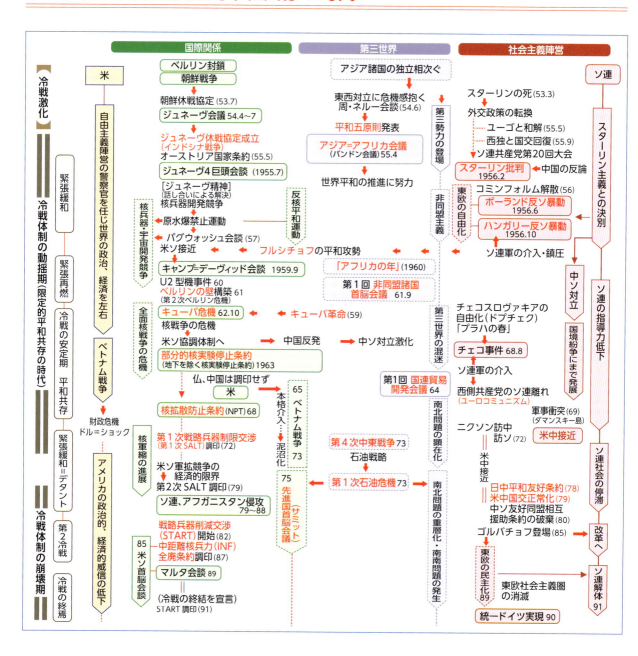

# ローマ大会 1960
## ROME 1960

**AMERICA**
1958年、ソ連にわずかに遅れてアメリカ合衆国が人工衛星打ち上げに成功する一方、クーデターが相次ぐ南米では1959年にキューバ革命が起こる。

**AFRICA**
1960年、ナイジェリア、カメルーン、コンゴ人民共和国、ソマリア、セネガルなど17ヵ国が独立し、この年は「アフリカの年」と呼ばれる。

**OCEANIA**
1957年にオーストラリアが、翌1958年にはニュージーランドが、日本と通商協定を結ぶ。

## CLOSE UP ❶
## 第三世界の形成

**コロンボ会議 [アジア＝アフリカ会議開催を宣言] (1954.4)**

**平和五原則 (1954.6)**
(1) 領土保全、主権の尊重
(2) 相互不可侵
(3) 内政不干渉
(4) 平等互恵
(5) 平和共存

**平和十原則 (バンドン精神) (1955.4)**
(1) 基本的人権と国連憲章の尊重
(2) 主権と領土の保全
(3) 人権と国家間の平等
(4) 内政不干渉
(5) 自衛権の尊重
(6) 集団防衛の排除
(7) 武力侵略の否定
(8) 国際紛争の平和的解決
(9) 相互協力の増進
(10) 正義と義務の尊重

　アジア、アフリカの新興独立国の間には、東西陣営のどちらにも属さない第三勢力が形成されていった。1954年、インドなど南アジア諸国の首脳がコロンボに集まり、アジア、アフリカ会議の開催、核実験の停止を提案した。その直後、中国の周恩来首相とインドのネルー首相の会談が実現し、平和五原則を発表。これが第三勢力の結集に大きな影響を与え、翌年、アジア、アフリカの29ヵ国代表が参加したバンドン会議が開かれた。インドネシアのスカルノ大統領は「人類史上初めてアジア、アフリカ両大陸にわたる有色人種の会議」と述べた。会議で平和十原則を採択し、ここにアジア、アフリカ諸国が第三勢力として登場した。

## CLOSE UP ❷
## アフリカ諸国の独立

　フランス支配下の北アフリカ地域では1956年にモロッコ、チュニジアが独立した。アルジェリアでは、1954年に全国で一斉に蜂起した民族解放戦線（FLN）とフランス政府が投入する50万人の軍隊との熾烈な戦いの末、1962年に停戦と独立を取り決めたエヴィアン協定が成立し、独立を達成した。
　イギリス植民地のガーナでは、1951年の自治政府議会選挙で勝利したエンクルマを指導者として1957年、初の自力独立の黒人共和国が誕生した。1960年には一挙に17の新興独立国が生まれ、「アフリカの年」と呼ばれた。1963年にはエチオピアのアジスアベバで開かれたアフリカ諸国首脳会議で、アフリカ統一機構（OAU）が成立した。アフリカ諸国の独立と主権の擁護、協力と連帯の促進などが目的とされ、政治的干渉や経済的支配の克服をめざした。
　しかし、ベルギーが独立直後のコンゴに干渉して動乱を引き起こしたり、南アフリカのように少数の白人支配を維持するために極端な人種隔離政策をとる国もあり、独立を果たしてもアフリカ諸国の苦悩は続いた。

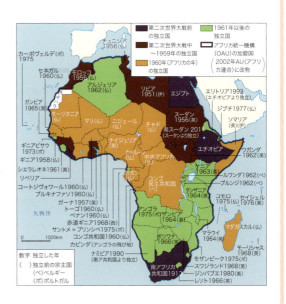

## 夏季オリンピック
# 東京大会
### 1964 TOKYO 18th SUMMER OLYMPIC GAME

| 開催国 | 日本 |
|---|---|
| 開催期間 | 10月10日〜10月24日 |
| 参加国（地域）数 | 93 |
| 参加選手数 | 5152 |
| 実施競技数 | 20 |
| 実施種目数 | 163 |

ソ連のキューバでの核ミサイル基地建設に対し、海上封鎖実施の宣言書にサインする米ケネディ大統領（1962年）。キューバ危機は冷戦史上最大の危機といわれた

Topfoto/amanaimages

### 大会TOPICS

●アジア初の大会
1952年の大会でオリンピックに復帰した日本は、東京開催に向けて1960年の第17回大会に立候補した。このときは7都市中の最下位で落選したが、次の1964年大会開催に向け、まずは1958年に東京で行われるアジア競技大会に合わせてIOC総会を誘致し、総会とともにアジア大会も見事に運営し、IOC委員に好印象を残した。そして、翌年のIOC総会でアジア初となる東京での開催が決定した。

●原爆投下の日に生まれた聖火ランナー
晴れの特異日10月10日、開会式は「世界中の秋晴れを集めたような、今日の東京の青空です」とNHKの北出清五郎アナが評した好天のもと行われた。最終の聖火ランナーは、広島に原爆が投下された1945年8月6日に広島市近郊で生まれた早稲田大学の坂井義則が務めた。選手宣誓は選手団主将の小野喬が行い、航空自衛隊のジェット機5機が大空に五輪のマークを描き出した。

### 競技TOPICS

●陸上100mはアメリカのヘイズが10秒0の世界タイ記録
ボブ=ヘイズは準決勝で追い風ながら9秒9を出し、決勝でも10秒を切るか注目されたが、10秒0の世界タイ、オリンピック新記録で優勝した。

### 日本代表TOPICS

●16個の金メダルを獲得
正式種目に加わった柔道で3階級制覇など日本勢は大活躍し、レスリングで5個、男子体操も5個など、合わせて16の金メダルを獲得した。

●視聴率85％に達した「東洋の魔女」の決勝戦
組織委員会から放送権を一括付与されたNHKはアナウンサー42人、中継技術者598人など総計2548人を投入した。「東洋の魔女」と呼ばれたバレーボール女子のソ連との決勝戦は、視聴率が85％にも達したという。

開会式で国立競技場上空に自衛隊の「ブルーインパルス」が五輪の輪を描いた

## Column

### 日本人メダリストたち

**陸上**
　男子マラソン　円谷幸吉　　銅
**競泳**
　男子4×200m自由形リレー　　銅
　　岩崎邦宏／岡部幸明／庄司敏夫／福井　誠
**ボクシング**
　バンタム級　桜井孝雄　　金
**バレーボール**
　男子　銅
　女子　金
**体操**
　男子個人総合　遠藤幸雄　　金
　　　　　　　　鶴見修治　　銀
　男子団体総合　　金
　男子床運動　遠藤幸雄　　銀
　男子あん馬　鶴見修治　　銀
　男子つり輪　早田卓次　　金
　男子跳馬　　山下治広　　金
　男子平行棒　遠藤幸雄　　金
　　　　　　　鶴見修治　　銀
　女子団体総合　　銅

**レスリング**
　グレコローマンスタイル
　　フライ級　　花原　勉　　金
　　バンタム級　市口政光　　金
　フリースタイル
　　フライ級　　吉田義勝　　金
　　バンタム級　上武洋次郎　金
　　フェザー級　渡辺長武　　金
　　ライト級　　堀内岩雄　　銅
**ウェイトリフティング**
　バンタム級　一ノ関史郎　　銅
　フェザー級　三宅義信　　　金
　ミドル級　　大内　仁　　　銅
**柔道**
　軽量級　中谷雄英　　金
　中量級　岡野　功　　金
　重量級　猪熊　功　　金
　無差別級　神永昭夫　銀
**射撃**
　ライフル
　　男子フリー・ピストル　吉川貴久　銅

## 国際情勢

**EUROPE**
東ドイツが西ドイツへの住民流出を防ぐために、1961年に西ベルリンを取り囲む壁をつくった。このベルリンの壁は、1989年、東欧の解放が進むなかで、市民により破壊された。

**ASIA**
1950年以来、中国、インド間の未確定の国境をめぐって両国の紛争が起こっていたが、1962年には大規模な軍事衝突へ発展した。

**AMERICA**
1961年、ジョン＝F＝ケネディがアメリカ合衆国史上初のカトリック系の大統領として最年少の43歳で当選。ニューフロンティア政策を

# ラテンアメリカ諸国の動向とキューバ危機

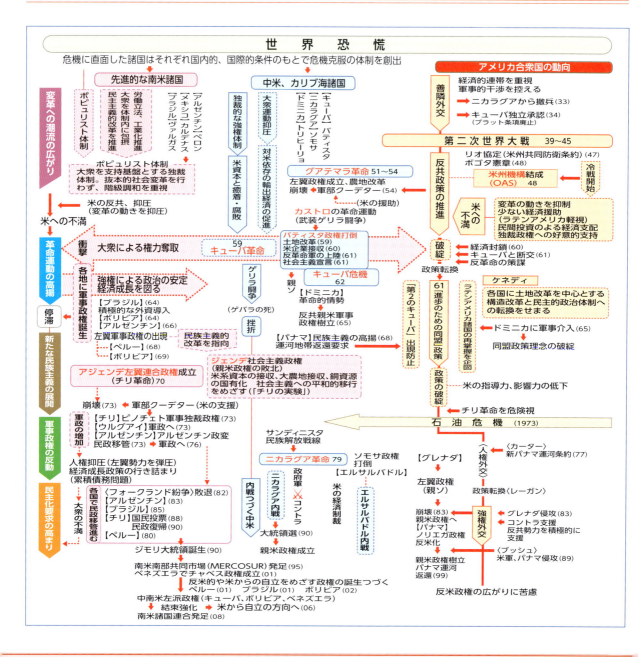

# 東京大会 1964
## TOKYO 1964

掲げ、外交ではベルリン問題、キューバ危機などでソ連のフルシチョフと対立しながらも、米ソ和解の道を模索した。1963年11月、遊説中のダラスで暗殺された。

**AFRICA**
1963年、アフリカ諸国首脳会議、アフリカ統一機構(OAU)を結成。2002年にアフリカ連合(AU)が発足したことで消滅。

**OCEANIA**
オーストラリア、ニュージーランドがベトナム戦争へ派兵。

## CLOSE UP ❶
## ラテンアメリカ諸国とキューバ革命

### ■キューバ革命とキューバ危機

　キューバでは1952年以来、クーデターで樹立された親米的なバティスタ独裁政権が続いていた。弁護士だったカストロはアルゼンチン出身の医者チェ=ゲバラという盟友とともに、キューバの山岳地帯でゲリラ活動を展開し、やがて都市の学生や労働者とも呼応しつつ、農村に勢力を拡大した。そして1959年、バティスタ独裁政権を打倒した。

　革命政府は土地改革を実行し、アメリカ合衆国系の砂糖企業を接収。1960年にソ連と国交を開くと、1961年、アイゼンハワー政権はキューバと断交した。カストロはキューバを社会主義国と宣言し、革命は社会主義に向かった。キューバ革命は中南米諸国に大きな影響を与え、合衆国はキューバを除く中南米諸国と「進歩のための同盟」を結び、「第2のキューバ」出現を防いだ。

　アメリカ合衆国では1961年、ジョン=F=ケネディが大統領に就任した。ケネディは柔軟な外交に積極姿勢をみせたが、1962年、キューバがソ連のミサイル基地を建設していることが発覚すると、ケネディ政権は海上封鎖してソ連船の機材搬入を阻止した。米ソ衝突の危機は全世界を震撼させたが、ソ連が合衆国のキューバへの不干渉を交換条件にミサイル撤去を認めたため、核戦争は回避された。

81

# 夏季オリンピック
# メキシコシティー大会

## 1968 MEXICO CITY 19th SUMMER OLYMPIC GAME

| 開催国 | メキシコ |
|---|---|
| 開催期間 | 10月12日～10月27日 |
| 参加国（地域）数 | 112 |
| 参加選手数 | 5516 |
| 実施競技数 | 19 |
| 実施種目数 | 172 |

サイゴン（ベトナム）市内で戦闘に巻き込まれ負傷した母と子（1968年）。この年の解放戦線によるテト攻勢でベトナム戦争は泥沼化、米国内では反戦運動が高揚した

The Granger Collection/amanaimages

### 大会TOPICS

●海抜2240mの高地で開催
それまでの大会で一番の高地で行われたオリンピックはセントルイスで海抜175mだった。メキシコシティーは2240mの高地で酸素の量は平地の4分の3程度となるため、これまでに何度か開催申請をしていたが見送られてきた。1964年のIOC総会で開催地に選ばれると、各国内オリンピック委員会はスポーツ医学の専門家を何度もメキシコシティーに派遣して調査、IOCも現地での合宿容認期間を従来の4週間から6週間に延期するなどの対応を行った。

●オリンピック反対の学生ら1000人を検挙
オリンピックに反対する学生が大会直前に軍隊と衝突し、10月2日には軍隊が学生や一般市民約200人を殺傷し、約1000人の学生を検挙した。国内だけでなく海外でもソ連軍のチェコスロヴァキア侵攻など緊迫した情勢のもと、オリンピックは開会した。それでも、参加国・地域が初めて100を超え、参加選手も過去最高となった。

### 競技TOPICS

●高地大会で好記録が続出
空気が希薄で空気抵抗の少ないメキシコシティーでは跳躍や短距離で好記録が生まれることが予想された。アメリカのビーモンが男子走り幅跳びで、それまでの世界記録を55cmも上回る8m90という驚異的な記録で優勝した。100m走でもアメリカのハインズが遂に10秒の壁を破る9秒9を出して優勝した。逆に長距離では酸素不足から途中棄権する選手も多かったが、ふだん高地で生活しているチュニジア、ケニア、エチオピアなどの選手が活躍した。

### 日本代表TOPICS

●サッカーでアジア初の銅メダル
サッカーはそれまでヨーロッパと南米以外でメダルを取った国はなかったが、日本はナイジェリア、フランスに快勝し、3位決定戦では地元メキシコにも勝利し銅メダルを獲得した。釜本邦茂は6試合で7ゴールを決め得点王になった。

男子200mの表彰台で黒人差別に抗議するパフォーマンスを行った米選手トミー＝スミス（1位）ら。彼らの行為は五輪精神に反するとされ、IOCは大会から追放した

日本対ハンガリー戦の釜本邦茂。代表選手としては231試合に出場して153得点。日本リーグでは在籍17年間に202得点、得点王7回を記録した

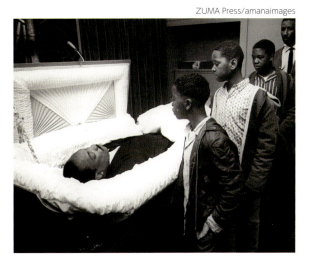

米黒人解放運動の指導者だったキング牧師が1968年4月4日、テネシー州での演説中に白人から銃撃を受け死亡した事件は全米を揺るがせた

アパルトヘイト下の南アフリカでは、銀行窓口も白人と黒人で隔てられていた（写真は1970年代の風景）

## Column

### 南アフリカ招待問題

　国策として白色人種と有色人種の差別政策をとる南アフリカ共和国の招待をめぐって、問題が持ち上がった。IOCが南アフリカのメキシコシティー大会への参加を認めると、アフリカ、アジア、ソ連など50ヵ国を超すNOCから、「もし南アフリカがオリンピックに参加するなら、ボイコットも辞さない」と強硬な反対意見が出された。

　これを重視したIOCは開会半年前の1968年4月にローザンヌで緊急理事会を開き、招待状まで送っていた南アフリカの参加を取り消すことを決定した。こうして、ようやくボイコット騒ぎは収まった。南アフリカが人種差別政策をやめたと判断され、ふたたび大会に招待されるようになるのは、1992年のバルセロナ大会からだった。

# 国際情勢

### EUROPE
1967年、ヨーロッパ経済共同体（EEC）、ヨーロッパ石炭鉄鋼共同体（ECSC）およびユーラトム（ヨーロッパ原子力共同体EURATOM）の3共同体が統一され、ヨーロッパ共同体（EC）が発足する。

### ASIA
1965年、米空軍が北ベトナム爆撃開始、南ベトナムに派兵。同年、日韓基本条約、中国・北ベトナム経済技術援助協定が相次いで成立。翌年、中国では文化大革命も始まった。1968年にはパリ和平会議が行われ、米軍が北爆を停止した。

### AMERICA
アメリカ合衆国で1964年に公民権法が成立し、同年、キング牧師がノーベル平和賞を受賞。だが1968年4月、キング牧師が暗殺され黒人の暴動が激化する。

### AFRICA
1964年に北ローデシアはザンビア共和国として独立を宣言し、南ローデシアでは1965年には少数の白人が一方的に独立を宣言し、ローデシアと称する。

### OCEANIA
1967年、オーストラリアの国民投票でアボリジニに市民権が与えられた。

## CLOSE UP ❶
## ベトナム戦争

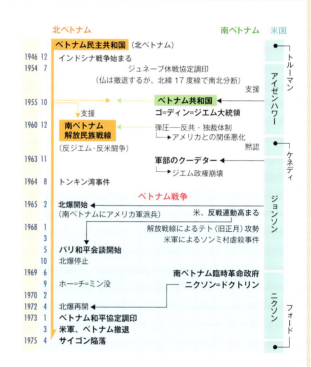

　親米派のゴ＝ディン＝ジエムが独裁色を強める南ベトナム（ベトナム共和国）の解放をめざす南ベトナム解放民族戦線が1960年に結成された。共産主義の北ベトナム（ベトナム民主共和国）と連携し、ゲリラ戦を展開。1963年、ジエム大統領がアメリカの黙認するクーデターで暗殺され、解放戦線の攻勢が強まった。1964年、トンキン湾でアメリカの艦艇が攻撃されるトンキン湾事件が起こると、アメリカ議会はほぼ全会一致で戦争拡大の権限をジョンソン大統領に与えた。1965年からジョンソン政権が北爆に踏み切る一方、南ベトナムへ地上兵力を派遣した。

　1968年にはソ連、中国の支援を受けた解放戦線側が大攻勢をかけた（テト攻勢）。解放戦線のゲリラ戦に苦しむ米軍は、解放戦線側とみなした村落を焼き払うなどの焦土戦術をとり、国際的な非難を呼び起こす。パリで北ベトナム側と和平会談を開始した米軍は北爆を停止し、ニクソン大統領は地上兵力を南ベトナム政府軍にゆだね、アメリカ軍の犠牲を軽減する方針を表明した。米軍は北ベトナム港の機雷封鎖と爆撃を担った。

　1973年にパリ和平協定が調印され、ニクソン大統領は米軍の南ベトナムからの撤退を実現させた。だが、その後も南北間での戦闘は続き、1975年4月、北ベトナム軍と解放戦線がサイゴン（現ホーチミン）を占領し、戦争に終止符を打った。1976年、南北統一したベトナム社会主義共和国が成立した。

## メキシコシティー大会 1968
### MEXICO CITY 1968

### CLOSE UP ❷
# 公民権運動とブラックパワーサリュート

### アメリカの人種差別問題（20世紀）

| | |
|---|---|
| 1909 | 全米黒人地位向上協会（NAACP）創設 |
| 20年代 | クー＝クラックス＝クラン（KKK）活動の最盛期 |
| 1939 | 第二次世界大戦勃発（～45） |
| 42 | 約70万人の黒人が出兵（ほとんどが黒人部隊） |
| 49 | 大リーグ野球に初の黒人選手（ジャッキー＝ロビンソン） |
| 50 | ラルフ＝バンチ国連事務次長に黒人初のノーベル平和賞 |
| 54 | 連邦最高裁判所判決「公立学校における分離教育は違憲」（ブラウン判決） |
| 55 | バス＝ボイコット運動（アラバマ州モンゴメリー） |
| 56 | オーザリン＝ルーシー事件（アラバマ大学入学拒否事件）連邦最高裁判所判決「公共バスにおける人種隔離は違憲」南部キリスト教指導者会議（SCLC）結成（キング牧師） |
| 57 | 公民権法成立（黒人投票権保障）リトルロック高校事件→各地で共学を求める運動起こる |
| 60 | 公民権法成立（黒人の有権者登録の権利を保障）食堂シット＝イン運動（ノースカロライナ州） |
| 62 | メレディス事件（ミシシッピ大学入学拒否事件） |
| 63 | バーミングハム闘争（アラバマ州黒人デモ）ワシントン大行進（キング牧師「私には夢がある」演説） |
| 64 | 公民権法成立（公共施設での人権隔離禁止）キング牧師にノーベル平和賞 |
| 65 | 投票権法成立マルコムX暗殺ロサンゼルス暴動（ワッツ事件）→「長く暑い夏」 |
| 66 | ストークリー＝カーマイケル、「ブラックパワー」提唱このころから黒人分離主義、暴力的公民権運動が台頭 |
| 67 | デトロイト大暴動 |
| 68 | キング牧師暗殺 |
| 86 | キング牧師の誕生日を国民の祝日とする（1月第3金曜日）この頃から成長したラテン系、アジア系に対する「ヘイトクライム」（憎悪犯罪）増えはじめる |
| 92 | ロサンゼルス暴動→アジア系移民の経営する商店を襲う |

### ■キング牧師のワシントン大行進における演説

**私には夢がある（I have a dream）**

I have a dream that one day on the red hills of Georgia The sons of former slaves and the sons of former slave-owners will be able to sit down together at table of the brotherhood.

私にはいつの日にかジョージア州の赤土の丘の上で、かつての奴隷の子孫たちとかつての奴隷主の子孫たちがともに兄弟愛のテーブルに着くことができるようになるという夢がある。

### ■公民権運動を指導したキング牧師

アメリカ合衆国において、人種差別の撤廃と憲法で保障された諸権利の適用を求めた公民権運動。1954年に最高裁で、公立学校の人種分離教育への違憲判決が下されたことを機会に高まりをみせ、1964年から翌年にかけて公民権諸法が制定された。

この運動をリードしたのがキング牧師で、ガンディーらの影響から非暴力直接行動主義の立場で国民解放運動を指導した。1963年にリンカーン記念堂で行った上記の演説は公民権法成立に大きな影響を与えたとされ、広く語り継がれる。1968年、遊説中に暗殺された。

### ■ブラックパワーサリュート

アメリカの公民権運動で行われた、拳を高く掲げ黒人差別に対抗する示威行為「ブラックパワーサリュート」。公民権運動の指導者キング牧師が暗殺されて半年後に開催されたメキシコ・オリンピックでは、陸上の男子200mの表彰式で、優勝したアメリカの黒人選手トミー＝スミスと3位のジョン＝カーロスが貧困を象徴するために靴を脱いで黒いソックスをはき、黒い手袋をはめた手を突き上げた（83頁写真）。オリンピックではいかなる政治的、宗教的、人種的なデモンストレーションも認められていない。2人は選手生命を懸けて、黒人差別を全世界に訴えたのだ。この行為は瞬く間に世界中から賛否両論を巻き起こした。IOCは2人をオリンピックから永久追放し、閉会式に出ることさえ許さなかった。

彼ら2人には帰国後、想像を絶する苦難が待っていた。2人とも勤め先を解雇され貧困に喘いだ。家族への迫害や脅迫も相次ぎ、カーロスの妻は自殺してしまった。

このレースで2位に入ったオーストラリア人のピーター＝ノーマンは、表彰式で一見、何の意思表示もしていないように見えたが、2人と同じく人種差別へ抗議する団体のバッジを胸に付けて、表彰台に登っていた。人種差別反対の意志に賛同していたのだ。ノーマンに対してはオリンピック追放の措置はとられなかったため、4年後のミュンヘン・オリンピックをめざした。ノーマンは派遣標準記録を何度も突破するなど好調を維持したが、白人最優先主義をとるオーストラリアは男子200mに自国の選手を派遣しなかった。

その後、1970年代も半ばになると、アメリカ社会でもしだいに黒人の人権が認められるようになり、スミスとカーロスは人種差別と戦った英雄として名誉が回復されていった。オーストラリアのノーマンは長い間、忘れ去られた存在だった。2006年、心臓発作でこの世を去ったノーマンの出棺には、スミスとカーロスが駆けつけた。

それから2年後、ノーマンの甥が数年間にわたって撮影していたドキュメンタリー映画『サリュート』（敬礼）を発表し、その後、オーストラリア議会がノーマンの名誉を回復する動議を採択した。

# 第20回 1972年

## 夏季オリンピック
# ミュンヘン大会

### 1972 MUNICH 20th SUMMER OLYMPIC GAME

| 開催国 | 西ドイツ |
|---|---|
| 開催期間 | 8月26日〜9月11日 |
| 参加国（地域）数 | 121 |
| 参加選手数 | 7134 |
| 実施競技数 | 21 |
| 実施種目数 | 195 |

文化大革命のポスター（1973年）。毛沢東が鄧小平らを中枢から追い落とし権力奪還を図った闘争で、中国国内は大混乱に陥った

The Granger Collection/amanaimages

### 大会TOPICS

●「明るく、整然とした大会」をモットーに準備
西ドイツ南部の古都ミュンヘンが1966年に開催都市に選ばれると、IOC副会長の要職にあったダウメは、組織委員会会長に就任し「明るく、整然とした大会」をモットーに掲げた。ダックスフントをモデルに大会マスコット「バルディー」を登場させるなど、愛されるオリンピックをめざした。

●人種差別を続けるローデシアを帰国させる
黒人に対する人種差別政策をとる南アフリカがメキシコ大会で、IOCから締め出された。黒人との政治権力の共有を拒否し一方的に独立宣言を行ったローデシアは、条件付きながらミュンヘン大会への参加を認められた。これに対してエチオピア・オリンピック委員会や国連の非植民地化委員会から批判があがった。ローデシア選手団はミュンヘン入りしたものの、開会式の2日前に招待を取り消され、帰国した。

### 競技TOPICS

●アメリカのスピッツが水泳で7個の世界記録を樹立
100m自由形、200m自由形、100mバタフライ、200mバタフライ、4×100m自由形リレー、4×200m自由形リレー、4×100mメドレーリレーの7種目に出場したマーク＝スピッツは全種目で世界記録を打ち立てて優勝した。

●アメリカの水泳選手がドーピングで金メダル剥奪
今大会からIOCは本格的なドーピング検査に乗りだし、水泳男子400m自由形で優勝したアメリカのデモンに陽性反応が出た。ぜんそくを緩和させるため禁止と知らず服用したというが、優勝を取り消された。

### 日本代表TOPICS

●男子体操で金5、銀5、銅6個獲得
団体総合4連覇、個人総合3連覇（うち加藤沢男が2連覇）、種目別でも平行棒と鉄棒では1位から3位を独占するなど日本の独壇場だった。そのため、次の大会から種目別決勝には各国から2名までの制限が設けられた。

体操男子団体で金メダルに輝いた日本チーム。左から中山彰規、岡村輝一、監物永三、加藤沢男、塚原光男、笠松茂

1972年9月に日中国交正常化が実現し、10月末には中国から上野動物園にパンダのランラン、カンカンが届けられた

共同通信社／アマナイメージズ

この年の5月、テルアビブ（イスラエル）のロッド国際空港で日本赤軍を名乗るテロリストらが無差別に発砲し、100人近い死傷者を出して世界を震撼させた。写真は現地で拘束された岡本公三

ZUMA Press/amanaimages

## Column

### 「血塗られた祭典」に

　大会も後半に入った9月5日早朝、「黒い9月」を名乗るパレスチナ・ゲリラ5人が選手村の金網を乗り越えて、イスラエル選手団宿舎に侵入した。レスリングのコーチとウェイトリフティングの選手2人を射殺した後、9人を人質にして、イスラエル刑務所に拘留中のパレスチナ・ゲリラ256人の解放を要求した。ゲリラと人質はヘリコプターでミュンヘン郊外のフンステン・フレドブロック空軍飛行場に移動し、そこで警察との銃撃戦となる。人質9人、ゲリラ5人、警官1人が死亡し、選手村の2人を合わせると17人の命が奪われた。

　6日、メーンスタジアムで追悼式が行われ、ブランデージIOC会長は「オリンピックがテロリストたちの犯罪によって中止されることがあってはならない。大会は継続されなければならない」と語り、前日から中断されていた競技を再開させた。

## 国際情勢

**EUROPE**

1969年、ソ連の有人宇宙船ソユーズ4・5号、ドッキングに成功。1970年には無人月ロケットによる月の石採取に成功。1971年には火星3号が火星に軟着陸を成功させるなどソ連がアメリカと激しい宇宙開発を繰り広げた。他方、1970年3月にイギリス、フランス、ロシア、中国、アメリカの5ヵ国以外の核保有を禁止する核拡散防止条約が発効するなど、国際的な軍縮も進んだ。

**ASIA**

文化大革命が続く中国では1969年に毛沢東=林彪体制が発足したが、1971年に林彪がクーデターに失敗し、逃亡中墜落死。翌1972年にはニクソン米大統領、田中角栄首相が相次いで北京を訪問し、日本と国交正常化した。

# パレスチナ問題

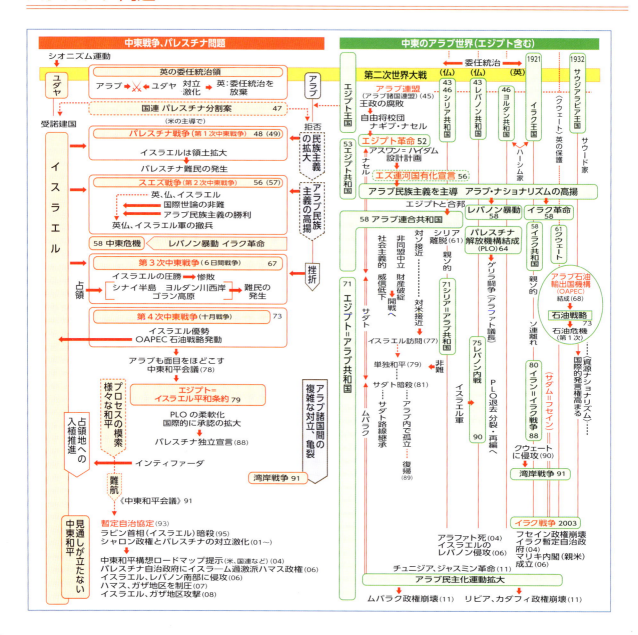

# ミュンヘン大会 1972
## MUNICH 1972

**AMERICA**
アメリカ合衆国は1969年、宇宙船アポロ11号の月面着陸、月面歩行に成功。南米では1970年にチリにアジェンデ人民連合政権成立、1971年にはボリビアで軍事クーデターによりバンセル政権が成立した。

**AFRICA**
初代大統領のナセルが1970年に死去したアラブ連合共和国はサダトが第2代大統領に就任し、翌1971年、エジプト=アラブ共和国と改称した。

**OCEANIA**
フィジーの初代首相カミセセ=マラの提唱により、1971年、南太平洋諸国の政治、外交、経済を集約する国際協力機関・南太平洋フォーラム（SPF）が発足。

## CLOSE UP ❶
## イスラエル建国と中東戦争

### ■国連のパレスチナ分割案（1947年）

|  | ユダヤ国 | アラブ国 | イスラエル（国際都市） | 計 |
|---|---|---|---|---|
| ユダヤ人人口（万人） | 49.8 | 1 | 10 | 60.8 |
| アラブ人人口（万人） | 49.7 | 72.5 | 10.5 | 132.7 |
| 人口合計（万人） | 99.5 | 73.5 | 20.5 | 193.5 |
| 面積（万km²） | 約1.4 | 約1.3 | 0.02 | 2.72 |
| 面積比率（%） | 約56 | 約43 | 0.65 | 100 |

（広河隆一『パレスチナ』岩波新書より）

第一次大戦後、パレスチナはイギリスの委任統治領となり、ユダヤ人が増加した。1947年の国連総会は、パレスチナをアラブとユダヤの国家に分割する決議を採択した。この案では、アラブ人が2倍以上の人口を有するにもかかわらず、ユダヤ国家が50%以上の面積を占めていた。アラブ諸国は国連案を拒否した。

しかし、翌年に分割決議に基づきイスラエルの建国が宣言された。イスラエル建国に反対するアラブ諸国はパレスチナに侵攻。この戦争はイスラエルが勝利し、パレスチナの約80%を占領したため、多くのパレスチナ難民が発生した。1967年の第3次中東戦争では、イスラエルがシリア、エジプトを奇襲攻撃し、短期間のうちにヨルダン川西岸などを占領し支配領域を拡大した。

## CLOSE UP ❷
## 黒い9月事件

「黒い9月」（ブラック・セプテンバー）とは1970年9月のヨルダンによるゲリラ弾圧にちなんで命名され、ヨルダンのフセイン国王への報復を唱えて結成されたパレスチナ・ゲリラ組織である。「黒い9月」が起こしたのはミュンヘン・オリンピックでのイスラエル人宿舎襲撃事件だけでなく、それ以前の1971年11月にはカイロでヨルダン首相を暗殺、1973年3月にはスーダンの首都ハルツームでサウジアラビア大使館占拠事件なども起こしている。

ミュンヘン・オリンピック事件後、イスラエルのゴルダ=メイア首相は、事件の報復としてテロ関係者の暗殺を指示。イスラエル奇襲部隊が1973年4月にベイルートでパレスチナ・ゲリラ3人を暗殺するなど、報復の連鎖が続いた。

89

## 夏季オリンピック
# モントリオール大会
### 1976 MONTREAL 21st SUMMER OLYMPIC GAME

| 開催国 | カナダ |
|---|---|
| 開催期間 | 7月17日〜8月1日 |
| 参加国(地域)数 | 92 |
| 参加選手数 | 6084 |
| 実施競技数 | 21 |
| 実施種目数 | 198 |

この年7月、ロッキード事件で田中角栄前総理が外為法違反で東京地検に逮捕された。戦後日本の代表的な疑獄事件として知られる

共同通信社／アマナイメージズ

### 大会TOPICS

●3億から13億に予算が膨れあがる
カナダ南東部ケベック州モントリオールでは市長のドラポーが招致委員会の会長となり大会予算は3億2000万ドルと計算されていた。だが開催が決まって組織委員会が準備に取りかかると、オイルショックによる物価の高騰が始まり、予算も膨れあがった。最終的に13億ドルに達し、しかも当初屋根付き全天候型ドームになるはずだったメーンスタジアムは天井がくりぬかれたまま見切り発車となるなど、いくつもの変更を余儀なくされた。

●国際問題・人種問題でボイコットが続く
カナダ政府が中国と国交を開き台湾と断交したため、台湾選手団はカナダへの入国を許されなかった。キラニンIOC会長はカナダ政府と交渉し「中華民国」(ROC)という呼称をやめるかわりに、青天白日旗と国歌の使用を認める」という妥協案を打ち出したが、台湾は不参加を表明した。また、アパルトヘイト政策をとっている南アフリカにラグビーチームを派遣しているニュージーランドが今大会に参加することを理由に、アフリカ諸国が直前でボイコットした。そのため116の国と地域がエントリーしていたが、最終的に92の国と地域にとどまった。

### 競技TOPICS

●10点を連発した「白い妖精」コマネチ
体操女子でルーマニアの14歳の少女コマネチが初日の規定の段違い平行棒でオリンピック史上初の10点満点を出すと、翌日の自由演技の平均台、段違い平行棒で10点満点を連発。コマネチはルーアニアを団体で2位に躍進させ、個人総合では優勝した。

### 日本代表TOPICS

●男子体操は5連覇ほか5個の金メダル
男子体操はエース笠松茂が急性虫垂炎のため欠場となったが、ソ連をわずかに上回り団体5連覇を果たした。柔道とレスリングはすべての階級にエントリーして、柔道は3階級、レスリングはフリースタイルの高田裕司と伊達治一郎が優勝した。

PA Photos/amanaimages

取り付けられるはずの屋根がないまま開会の日を迎えたにメーンスタジアム。それでもなんとか開会式が行われ、英連邦加盟国家であるカナダの国家元首エリザベス女王が開会宣言を行った

1973年10月、第4次中東戦争を契機にアラブ産油国が石油禁輸を打ち出すなどして国内経済もオイルショックで大混乱に（写真は買いだめに殺到する客）

共同通信社／アマナイメージズ

## Column

### オリンピック憲章からアマチュア条項が消える

　選手がスポーツによって金銭的な報酬を得ないアマチュアであることが、オリンピックに参加する絶対条件だった。このため、多くの選手がアマチュア規定違反のため参加を拒否されたり、メダルを剥奪されたりした。

　しかし、スポーツ競技の普及とともに、金銭のやりとりが公然と行われるようになり、アマチュアであることが形骸化し、1974年、オリンピック憲章から「アマチュア」という言葉が削除された。第1章にあった「アマチュア競技者」という語句を「オリンピック競技者」に書き換えたのだ。

　その後、1980年にIOC会長となったサマランチが各国際競技連盟にプロ選手の参加容認を働きかけ、1984年にアマチュア規定が廃止された。同年のサライェヴォ冬季大会とロサンゼルス大会からプロ選手の参加が認められ、1988年のソウル大会ではプロテニス選手のシュテフィ＝グラフが金メダルを獲得した。

# 国際情勢

**EUROPE**
1975年、ヘルシンキで全欧安全保障協力会議の設置が採択される。最終議定書では軍事演習の事前通告や検証措置によって地域の緊張を緩和するという信頼醸成措置(CBM)が正式採用された。

**ASIA**
1973年、韓国の元大統領候補の金大中が来日中、東京都内のホテルから拉致され、5日後にソウルの自宅近くで解放された。韓国公権力による日本の主権侵害であり、1975年、容疑者の一等書記官の解任というかたちで政治決着がつけられた。2007年になって、韓国政府は情報機関KCIAが深く関与していたことを明らかにした。

## CLOSE UP ❶
## 石油ショックと第1回サミット開催

### 世界の原油産地(1973年)

### ■石油価格の変動
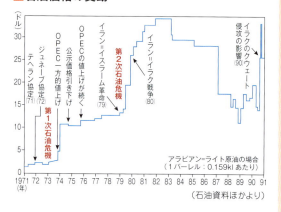

### ■世界の原油産出量と1973年の埋蔵量 (単位：百万kl)

|  | 1960 | 1972 | 1973 | % | 確認埋蔵量 |
|---|---|---|---|---|---|
| 日本 | 0.6 | 0.8 | 0.8 | 0.02 | 5 |
| 中東 | 306.8 | 1058.6 | 1234.7 | 38.4 | 50248 |
| サウジアラビア | 72.6 | 333.6 | 425.7 | 13.2 | 15411 |
| イラン | 62.1 | 292.4 | 340.1 | 10.6 | 10812 |
| クウェート | 94.5 | 174.5 | 159.8 | 5.0 | 11602 |
| イラク | 56.4 | 86.6 | 117.1 | 3.6 | 5724 |
| アブダビ | --- | 61.0 | 76.7 | 2.4 | 2973 |
| その他 | 21.3 | 110.5 | 115.3 | 3.6 | 3726 |
| カナダ | 30.5 | 82.6 | 99.5 | 3.1 | 1474 |
| アメリカ合衆国 | 409.4 | 549.4 | 533.2 | 16.6 | 5613 |
| ベネズエラ | 165.6 | 187.4 | 195.3 | 6.1 | 2196 |
| ソ連 | 171.8 | 461.6 | 491.9 | 15.3 | 7553 |
| 北アフリカ | --- | 210.2 | 204.0 | 6.3 | 5663 |
| リビア | --- | 130.6 | 126.1 | 3.9 | 3690 |
| アルジェリア | 10.2 | 62.8 | 63.5 | 2.0 | 1579 |
| ナイジェリア | 1.0 | 105.8 | 118.9 | 3.7 | 2902 |
| インドネシア | 23.9 | 62.9 | 77.7 | 2.4 | 1829 |
| 中華人民共和国 | 2.0 | 35.5 | 41.8 | 1.3 | 2353 |
| 東ヨーロッパ | 19.6 | 25.7 | 26.6 | 0.8 | 336 |
| 西ヨーロッパ | 13.1 | 17.7 | 17.6 | 0.5 | 2709 |
| 世界計 | 1218.4 | 2953.2 | 3215.7 | 100.0 | 86873 |

1バーレル=0.159klとして換算。(『日本国政図会1975』より)

　1973年10月に第4次中東戦争が起こると、アラブ諸国はアメリカのイスラエル支援政策に対抗するために、原油生産を減らし、非友好国への輸出停止・制限を行う「石油戦略」を発表した。石油価格が短期間で4倍に引き上げられ、先進工業国はじめ世界経済に大きな衝撃を与えた。こうして訪れた第1次石油危機のために、各国は異常な物不足、高物価、社会不安に悩まされた。日本にとっても、1次エネルギー消費量の約78%を石油に依存しているうえに、石油は原料としても大きな用途を持っているので、石油危機の影響はきわめて大きかった。1950年代半ばから始まった高度経済成長も石油危機とともに終焉した。

　石油危機後の世界経済を立て直すために、西側首脳が集団で政策協議を図ることを目的として、1975年、第1回先進国首脳会議(サミット)が開かれた。提唱者はフランスのジスカール=デスタン大統領で、パリ郊外のランブイエ城が会場となった。以後、サミットは毎年開かれており、高度な経済問題が討議されている。

# モントリオール大会 1976
## MONTREAL 1976

**AMERICA**
1973年、パリでベトナム和平協定が調印され、米軍が南ベトナムから撤退を完了する。

**AFRICA**
1975年、モザンビークがポルトガルから独立するが、その後もポルトガルの干渉を受ける。

**OCEANIA**
1975年、パプアニューギニアがオーストラリア自治領から独立。イギリス連邦に加入した。

## CLOSE UP ❷
## 西ヨーロッパの地域統合

2度まで世界大戦の戦場となり、米ソの狭間で地盤沈下していったことを反省したヨーロッパでは地域統合によってヨーロッパの再生を図ろうとする動きが現れた。まず、フランスのシューマン外相の提案により1952年、フランス、西ドイツ、イタリア、ベネルクス3国の間で石炭、鉄鋼資源の共有をめざすヨーロッパ石炭鉄鋼共同体（ECSC）が発足した。1958年にはヨーロッパ経済共同体（EEC）とヨーロッパ原子力共同体（EURATOM）が設置され、相互に関税を引き下げ、共通の農業政策や資本の自由移動が可能になった。1967年には3共同体が合併してヨーロッパ共同体（EC）となり、主権国家を超えた西欧連合の基礎がつくられた。

そしてEC諸国は1985年には商品だけでなく人間の移動や金融取引の域内自由化にも踏み込み、1993年にヨーロッパ連合（EU）が発足した。

### 統合の歩み

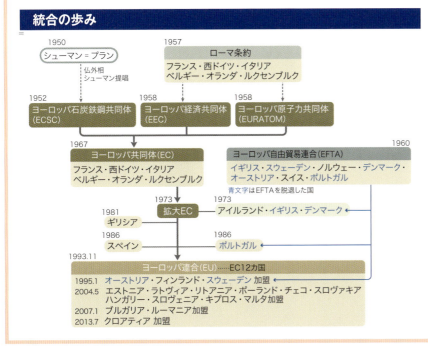

93

## 第22回 1980年

### 夏季オリンピック
# モスクワ大会
#### 1980 MOSCOW 22nd SUMMER OLYMPIC GAME

| 開催国 | ソビエト連邦 |
|---|---|
| 開催期間 | 7月19日～8月3日 |
| 参加国(地域)数 | 80 |
| 参加選手数 | 5179 |
| 実施競技数 | 21 |
| 実施種目数 | 203 |

この年の9月にはイラク軍による侵攻でイラン＝イラク戦争が始まった。戦争は泥沼化し8年に及んだ（写真はイランによる空襲で黒煙をあげるバグダードの発電所）

Roger-Viollet/amanaimages

### 大会TOPICS

●**社会主義国初の大会**
モスクワは社会主義国初のオリンピック開催をめざして、1976年の第21回大会に立候補したが、決選投票で惜しくもモントリオールに敗れた。その後、国を挙げての招致運動が展開され、第22回大会はライバルのロサンゼルスを抑えて、開催地に選ばれた。

●**西側諸国がボイコット**
1979年12月、ソ連軍がアフガニスタンに侵攻した。翌年1月、アメリカのカーター大統領はモスクワ大会へのボイコットを表明し、日本、イギリス、フランス、西ドイツなど友好国にも同調を求めた。各国がそれぞれ検討した結果、日本や西ドイツなど多くの西側諸国が不参加となり、参加国が激減した。ちなみに、イギリスやフランスは参加の判断を下している。

### 競技TOPICS

●**ソ連、東ドイツが大活躍**
西側諸国のボイコットの結果、ソ連が80個、東ドイツが47個の金メダルを獲得し、2ヵ国で約60％を占める活躍ぶりだった。男子体操はソ連の独壇場となり、個人総合で優勝したディチャーチンは団体、種目別のつり輪と合わせて3個の金メダルを獲得し、あん馬ではオリンピックの男子体操で初めて10点満点を出した。

### 日本代表TOPICS

●**国内紛糾の末、不参加を決定**
アメリカ政府から不参加を呼びかけられた日本政府は、当初、「ボイコット問題については、JOCが各国のオリンピック委員会と連携をとって適切に対処すべき」との立場をとっていた。だが、アメリカのオリンピック委員会が不参加を決定すると、日本政府は「外交政策上、参加は好ましくない」と事実上の不参加を表明した。JOCや参加予定選手、コーチは強く参加を訴えたが、最終的にJOCは政府の意向に従うことを決め、不参加を認めた。

PA Photos/amanaimages

開会式でメーンスタジアムのスタンドに人文字でつくられた大会公式マスコット「ミーシャ」。閉会式ではミーシャの目から大粒の涙がこぼれた

PHOTO KISHIMOTO/amanaimages

モスクワ大会へのボイコット問題で泣きながら参加を訴えるレスリングの高田裕司（1980年7月）

## Column

### 優勝候補だった山下と瀬古

　柔道の山下泰裕は全日本選手権3連覇、1979年の世界選手権でも圧倒的な強さで優勝し、モスクワ大会不参加が決まるまで132連勝していた。日本の不参加が取りざたされていたとき、山下は記者会見で「ここでボイコットしてしまったら、僕たちの今までの努力はいったいなんだったのですか」と怒りをぶつけた。

　山下は1週間後の全日本選手権でも優勝を飾ったが、不参加が決定した後の、本来であればオリンピック最終選考を兼ねた全日本体重別選手権で腓骨を骨折してしまった。もし日本が参加していても山下は出場出来たのか、あるいは不参加が決定していなければけがは避けられたのか。答えのない「もし」である。

　マラソンの瀬古利彦も金メダルが期待された一人である。彼は2年連続で福岡国際を制し、国内外から優勝間違いなしと評価されていた。だが、マラソンは夏に行うのがふさわしい競技ではない。そのため、瀬古自身も師と仰ぐ中村清監督もオリンピックへの意識は薄かった。同様に夏に行われる世界選手権にも1983年の第1回、1987年の第2回と、日本陸連は国際陸連からの要請を断りエースの瀬古を派遣しなかった。

95

## 国際情勢

**EUROPE**
1979年10月に東独駐屯軍の削減を発表したソ連が、その直後の12月、アフガニスタンに侵攻した。

**ASIA**
1980年、国境問題、ペルシア湾岸地域の覇権などをめぐってイラン=イラク戦争が勃発。1988年、国連安保理停戦決議に基づく停戦が成立。

**AMERICA**
ニカラグラで独裁者ソモサの打倒をめざして武力闘争を行ってきたサンディニスタ民族解放戦線（FSLN）が1979年、革命に成功。

### CLOSE UP ❶
## モスクワ大会前後のメダル獲得数の推移

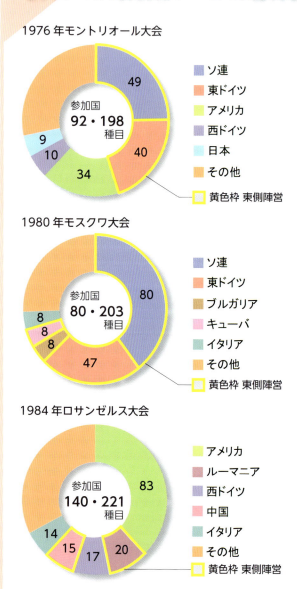

1976年モントリオール大会 — 参加国 92・198種目（ソ連49、東ドイツ40、アメリカ34、西ドイツ10、日本9）

1980年モスクワ大会 — 参加国 80・203種目（ソ連80、東ドイツ47、ブルガリア8、キューバ8、イタリア8）

1984年ロサンゼルス大会 — 参加国 140・221種目（アメリカ83、ルーマニア20、西ドイツ17、中国15、イタリア14）

1980年のモスクワ大会はソ連のアフガニスタン侵攻に抗議してアメリカのカーター大統領が西側諸国にボイコットを呼びかけた。前回モントリオール大会大会に参加した国内オリンピック委員会（NOC）のうち36がモスクワに姿を見せなかった。そのすべてがソ連のアフガン侵攻に対するボイコットとはいえないが、新たにIOCに承認された約10のNOCも換算すると、40から45のNOCがボイコットしたことになる。

次の1984年のロサンゼルス大会はモスクワ大会の報復措置として東側諸国がボイコットした。ソ連、東ドイツ、ポーランド、チェコスロヴァキア、ハンガリー、ブルガリア、エチオピア、キューバなど16の国と地域が参加しなかったが、ルーマニアは社会主義国でありながら参加し、金メダル獲得数第2位に躍進した。アメリカは前参加大会のモントリオールでは金メダル34個だったが、ロサンゼルス大会では全実施種目数の1/3以上にあたる83種目で優勝するという異例の事態となった。

### CLOSE UP ❷
## ソ連のアフガニスタン侵攻

1979年12月、ソ連軍が親ソ派政権を支援するためにアフガニスタンへ侵攻した。ソ連は1978年に調印した友好協力善隣条約に基づいたアフガニスタン政府の要請によるとしたが、現地の反政府ゲリラの激しい抵抗と強い国際非難にあった。

10年近い軍事介入の末、米ソ間の緊張緩和が進んだ1988年にソ連軍はアフガニスタンから全面撤退した。ソ連軍の戦死者は約1万4000人に上り、ソ連のアフガン侵攻による疲弊は1991年の連邦崩壊の要因にもなった。

## モスクワ大会 1980
### MOSCOW 1980

**AFRICA**
1977年、エジプト、イスラエルの首脳会談が開かれ、2年後にエジプト、イスラエル平和条約調印、1980年1月、両国の国交が回復した。

**OCEANIA**
ソロモン諸島が1978年にイギリスの保護領から英連邦諸国の一つとして独立。元首は英女王。

---

## CLOSE UP ❸
# データでみる1980年の主要国の経済力

### ソ連とアメリカの経済力比較
（ソ連のアメリカに対する比率　％）

| | 1965 | 1970 | 1975 | 1980 |
|---|---|---|---|---|
| 国 民 所 得 | 59 | 65 | 67 | 67 |
| 工 業 総 生 産 高 | 62 | 75強 | 80強 | 80強 |
| (1) 電 力 生 産 高 | 41 | 43 | 49 | 52 |
| (2) 原 油 生 産 高 | 63 | 74 | 119 | 140 |
| (3) 粗 鋼 生 産 高 | 75 | 95 | 130 | 143 |
| (4) 化 学 肥 料 生 産 高 | 69 | 88 | 131 | 111 |
| (5) セメント生産高 | 111 | 141 | 188 | 162 |
| (6) 綿 織 物 生 産 高 | 66 | 98 | 166 | 180 |
| 農 業 総 生 産 高 | ①約75 | ④85〜90 | ⑤約85 | ⑥約85 |
| (1) 穀 物 収 穫 高 | --- | ④85 | ⑤78 | ⑥75 |
| (2) 綿 花 収 穫 高 | --- | ④96 | ⑤99 | ⑥102 |
| 貨 物 輸 送 量 | 85 | 102 | 125 | 129 |
| 投 資 総 額 | 75 | 約100 | 100強 | 約100 |
| 工業の労働生産性 | 45 | 約53 | 55強 | 55強 |
| 農業の労働生産性 | ②約25 | ④約20〜25 | ⑤約20〜25 | ⑥約20〜25 |
| 建設業の労働生産性 | ③約50 | 約65 | 65強 | --- |

ソ連の資料による。
注　① 1961〜1965年平均　② 1959〜1965年平均　③ 1964年　④ 1966〜1970年平均　⑤ 1971〜1975年平均　⑥ 1976〜1980年平均
（『朝日年鑑別巻1982』朝日新聞社より）

### 国内総生産
（100万米ドル）

| | 1970 | 1980 |
|---|---|---|
| 日本 | 203569 | 1036204 |
| 仏 | 140900 | 652782 |
| 西独 | 184508 | 814670 |
| 伊 | 100613 | 395899 |
| ソ連※ | 322111 | 713272 |
| 米 | 988704 | 2598960 |

※物的総生産

### 商船
（千総登録トン）

| | 1970 | | 1980 | |
|---|---|---|---|---|
| 1 | 日 | 10476 | 日 | 7288 |
| 2 | スウェーデン | 1711 | 韓 | 629 |
| 3 | 西独 | 1687 | ブラジル | 615 |
| 4 | 英 | 1237 | スペイン | 590 |
| 世界 | | 21690 | | 13935 |

### 自動車生産高
（千台）

| | 1970 | | 1980 | |
|---|---|---|---|---|
| 1 | 米 | 6642※ | 日 | 7038 |
| 2 | 西独 | 3528 | 米 | 6376※ |
| 3 | 日 | 3179 | 西独 | 3530 |
| 4 | 仏 | 2458 | 仏 | 3488 |
| 5 | 伊 | 1720 | 伊 | 1445 |
| 6 | 英 | 1641 | ソ連 | 1327 |
| 世界 | | 22664 | | 28999 |

※工業販売高

### 粗鋼生産高
（千メートルトン）

| | 1970 | | 1980 | |
|---|---|---|---|---|
| 1 | 米 | 119309 | ソ連 | 147941 |
| 2 | ソ連 | 115889 | 日 | 111395 |
| 3 | 日 | 93322 | 米 | 101456 |
| 4 | 西独 | 45040 | 西独 | 43838 |
| 5 | 英 | 28316 | 中 | 37120 |
| 6 | 仏 | 23773 | 伊 | 26501 |
| 世界 | | 593791 | | 695457 |

### テレビ受像機
（千台）

| | 1970 | | 1980 | |
|---|---|---|---|---|
| 1 | 日 | 12488 | 日 | 15205 |
| 2 | 米 | 8298※ | 米 | 10320※ |
| 3 | ソ連 | 6682 | ソ連 | 7528 |
| 4 | 西独 | 2936 | 韓 | 6819 |
| 世界 | | 44068 | | 71189 |

※出荷高

（国内総生産、自動車生産高、粗鉄、商船、テレビ受像機は『世界統計年鑑1982』より作成）

## 第23回 1984年 夏季オリンピック
# ロサンゼルス大会
### 1984 LOS ANGELES 23rd SUMMER OLYMPIC GAME

| 開催国 | アメリカ合衆国 |
|---|---|
| 開催期間 | 7月28日～8月12日 |
| 参加国（地域）数 | 140 |
| 参加選手数 | 6829 |
| 実施競技数 | 21 |
| 実施種目数 | 221 |

カリブ海グレナダの親社会主義政権に対し、米やカリブ海6カ国がソ連の介入や軍事基地化を理由に侵攻（1983年）して親米政権を樹立。米にとってはベトナム戦争以来の大規模な軍事介入となった

ZUMA Press/amanaimages

## 大会 TOPICS

### ●民間の組織員会を設立
第23回大会に立候補したのはロサンゼルス市だけだった。南カリフォルニア・オリンピック委員会という民間の組織委員会を設立して、独自に大会を運営するという構想を持っていた。「オリンピック憲章」によれば、開催の名誉は都市に与えられることになっていて、そのほかにもIOCの意向に反することが多々あった。だが別の立候補都市がなかったため、IOCは弁護士を立ててロサンゼルス側と何度も会合を持った末、開催を正式決定した。

### ●東欧諸国がボイコット
モスクワ大会の報復として、ソ連や東欧諸国など16の国と地域がアメリカのグレナダ侵攻を名目上の理由にボイコットした。

## 競技 TOPICS

### ●大会前から注目を集めていたカール=ルイスが4冠王に
カール=ルイスは100mを9秒99で優勝、走り幅跳びも快勝、200mでは大会新記録、4×100mリレーでは世界新記録を出し、4冠に輝いた。

## 日本代表 TOPICS

### ●10個の金メダルを獲得
体操男子で具志堅幸司が個人総合と種目別のつり輪で優勝、森末慎二が種目別の鉄棒で10点満点を出し金メダルを獲得した。レスリングでは富山英明と宮原厚次が優勝、射撃のラピッドファイヤーピストルでは日本選手団最年長となる48歳の蒲池猛夫が金メダルを射止めた。

### ●感動を呼んだ山下とラシュワン
柔道では8階級中4階級で金メダルを獲得。無差別級の山下泰裕は2回戦で右足ふくらはぎの肉離れを起こしたが、なんとか決勝まで勝ち上がった。決勝戦ではエジプトのラシュワンが山下の痛めている足を攻めずに、山下が抑え込みで一本勝ちした。後日、山下にはアマチュアスポーツ界初となる国民栄誉賞が、決勝の山下対ラシュワンの試合にはフェアプレー賞が与えられた。

陸上の男子4×100mリレーで37秒83という世界記録で優勝したアメリカの最終ランナーを務めたカール=ルイス

## Column

### 商業オリンピックで2億1500万ドルの黒字

　民間資本を導入して、以後の大会の方向づけをしたロサンゼルス大会。民間企業の大会組織委員会のトップには、ファースト・トラベル・コーポレーションという北米第2の旅行会社の会長であるピーター=ユベロスが選ばれた。サンノゼ州立大学時代は水球選手として活躍したスポーツマンである。

　ユベロスは従来の固定観念にとらわれず、オリンピックのビジネス化に力を注いだ。当然ながら抵抗も強かったが、テレビ放送権料、スポンサーからの協賛金、入場料収入、記念コイン販売を4つの柱として収入を得ることを考えた。テレビ放映権料は以前からあったが、オリンピックは今や世界最大のイベントであるとして、最低でも2億ドルという破格の値段を提示して、結局、ABCが2億250万ドルで落札した。

　さらに聖火ランナーからも参加費を徴収し、2億1500万ドルの黒字を出した。黒字はアメリカの青少年とスポーツ振興のために使われた。

# 国際情勢

**EUROPE**
1982年、フォークランド諸島の領有をめぐって、イギリスとアルゼンチンの間に紛争が勃発。イギリスの勝利に終わる。

**ASIA**
1983年、ニューヨークからアンカレジを経由してソウルへ向かう大韓航空機がソ連領を侵犯し、ソ連機に撃墜された。乗員、乗客269人が死亡した。

**AMERICA**
米軍が1983年、グレナダに侵攻し、これを理由に東側諸国がロサンゼルス・オリンピックをボイコットする。

## CLOSE UP ❶
## ラテンアメリカの動向

1959年のキューバ革命は中南米諸国の革命運動や民族運動に大きな影響を与えたが、アメリカ合衆国は中南米諸国と同盟を結び改革を援助した。1964年には米州機構加盟国がキューバと断交し、以後、ラテンアメリカ諸国はキューバ革命への対抗として軍部が台頭する。

70年代を通じて軍事政権の時代が続いたが、革命運動や人権を抑圧する強権政治である一方、工業化を促進して経済成長をめざす開発独裁が特徴だった。だが石油危機による世界経済の不況のなかで、インフレの進行、累積債務の増大、国民の貧困化などで危機的状況に追いやられた。80年代には民政への移管が進んだ。

### ■ フォークランド戦争

フォークランドとはアルゼンチン沖500kmの大西洋上の諸島である。1976年にペロン派政権を倒して実権を握ったアルゼンチンの軍事独裁政権が経済悪化や人権、言論抑圧への国民の不満をそらすために、1982年4月、フォークランド諸島の領有権を主張して軍事占領した。イギリス軍は機動部隊を派遣し、2ヵ月余りの激戦の末、イギリスが勝利した。双方に約1000人の死者を出した。両国は1989年に敵対関係の終結を宣言し、1990年に国交を回復した。

### ■ アメリカのグレナダ侵攻

グレナダはカリブ海に浮かぶ面積344km²の小さな島国である。1974年にイギリス連邦の構成国として独立すると、統一労働党党首のゲーリーが首相のほか、外相、内相、計画開発相、土地観光相を兼任し、独裁体制となった。これに反対する野党ニュー＝ジュウェル（新宝石）運動党党首ビショップが1979年、無血クーデターで社会主義政権を誕生させると、ソ連、キューバに急速に接近した。

1983年、コード副首相らがクーデターを起こしビショップを暗殺。この直後、突然、米軍とカリブ海諸国6ヵ国軍がグレナダに侵攻し、全島を制圧した。コードは逮捕され、アメリカの指導のもと暫定政府が発足。その後、総選挙で親米派政権が誕生し、1985年にアメリカ軍は撤退した。

# ロサンゼルス大会 1984
## LOS ANGELES 1984

### AFRICA
アフリカ全域を干ばつが襲い、1984年には24ヵ国に飢餓が広がる。特に深刻なエチオピアでは1年間に100万人が餓死したともいわれる。

### OCEANIA
1981年、パラオ自治共和国政府が発足、憲法に世界で初めて非核条項を入れる。

### チリ
1970年の大統領選挙で左翼を結集したアジェンデ左翼連合政権が誕生した。議会主義化で社会主義への平和的移行「チリの実験」をめざし、米系銅山の国有化、農地改革など社会主義政策を実施した。だが資本家や軍部の強い反発とアメリカの干渉により、1973年ピノチェトら軍部のクーデターにより倒された。ピノチェトは1990年まで大統領として軍政を指導した。

### ニカラグア
1979年、ソモサ独裁政権を打倒し、サンディニスタ民族解放戦線(FSLN)が政権を掌握した。だが、革命政権は幅広い諸勢力を含んでいたため、内部での武力闘争となる。保守勢力の抵抗も相まって内戦状態に発展した。1984年にゲリラ組織から政党へと転身したFSLNのダニエル=オルテガが大統領に選出されたが、アメリカのレーガン政権から資金援助を受ける右派反革命ゲリラ「コントラ」との間の武力闘争は激化の一途をたどり、1990年に国際監視団のもとで実施された選挙まで内戦状態が続いた。この選挙でFSLNは敗れ、中道のチャロモ政権が誕生した。

### パナマ
1968年、軍部のクーデターの後実権を握ったトリホス将軍が1981年に航空機事故で急死すると、その後、ノリエガ将軍がパナマ軍最高司令官として事実上の独裁者となった。麻薬密売や反米国家への協力行為などを理由に、1989年、アメリカが軍事侵攻すると、ノリエガは逮捕された。1994年に行われた大統領選挙では民主革命党のバジャダレスが当選し、政情は落ち着いた。

### アルゼンチン
1976年、親米のビデラ軍事政権が誕生した。ビデラ政権、ビオラ政権、ガルティエリ政権と経済政策がうまくいかず、1982年、国民の批判の目をそらすためにフォークランドに侵攻した。紛争の敗戦は軍の威信を失墜させ、政府批判や民主化要求が高まり、1983年に民政に移管した。だがその後も、ハイパー・インフレや財政赤字など度重なる経済危機に見舞われている。

### ペルー
1968年、クーデターによりベラスコ=アルバラード将軍を首班とする左翼軍事政権が発足し、社会主義的改革を打ち出した。1975年、モラレス=ベルムデス軍事政権に変わり、ベラスコ路線を修正したが、国民の生活は改善されず、1980年、民政移管を余儀なくされた。
1990年の選挙では日系人のアルベルト=フジモリが大統領に選ばれた。フジモリの当選はラテンアメリカのシンボルとされ、経済再建やテロ対策に効果をあげたが、強権的な議会運営や政権の腐敗に批判が強まり、3選後の2000年に罷免された。

### ベネズエラ
1959年に大統領となったロムロ=ベタンクールは軍の台頭を抑えて文民統治の基礎を固めた。その後、比較的平和裏に政権交代が続いたが、1992年に軍クーデターを起こした元陸軍中佐のチャベスが1999年、大統領に就任。チャベスは国内貧困層の支持を背景に医療の無料化や農地改革を進めた。外交面ではアメリカの覇権主義との対決姿勢を全面的に打ち出し、アメリカのアフガニスタン侵攻を非難した。

## CLOSE UP ❷
## イラン=イラク戦争

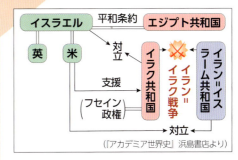

(『アカデミア世界史』浜島書店より)

1980年9月、イラク空軍機による大規模な越境攻撃によって始まった。両国の間を流れるシャット=アルアラブ川の領有権をめぐり1960年代から対立があり、また1979年のイスラーム革命でイラン国内が混乱している隙にイランの油田地帯を確保したいとするねらいがあったとされる。

イラク軍の進撃で始まった戦局はやがて逆転し、1982年以降はイランがイラク領土へと侵攻した。イラクの体制が崩壊することによって、イラン革命が拡大することを懸念したアメリカをはじめとする諸外国がイラクを支援。戦闘は長期化したが、1988年に国連安保理の停戦決議を両国が受諾して、一応の終結をみた。

だが国際社会がその育成に手を貸したイラク軍は1990年にクウェートに侵攻し、湾岸戦争へとつながる。

# 夏季オリンピック
## ソウル大会
1988 SEOUL 24th SUMMER OLYMPIC GAME

第24回 1988年

| 開催国 | 韓国 |
|---|---|
| 開催期間 | 9月17日〜10月2日 |
| 参加国(地域)数 | 159 |
| 参加選手数 | 8397 |
| 実施競技数 | 23 |
| 実施種目数 | 237 |

ソ連ウクライナのチェルノブイリ原子力発電所で1986年4月、史上最大規模の事故が発生。動員された兵士ら10万人以上が被曝した

Sipa Press/amanaimages

### 大会TOPICS

●北朝鮮が共同開催を要望
開催地に選ばれたソウルは「ソウルでオリンピックを開くことが朝鮮半島の平和につながる」とアピールして、国を挙げて大会準備を進めた。すると、北朝鮮が「オリンピックの開催は朝鮮半島に与えられたのだから、朝鮮民主主義人民共和国も共同開催すべきだ」と言いだした。それまでにも統一選手団の編成などが検討されたことはあったが、実現していなかった。今回の共同開催もIOCで議論されたが、あくまで一部の競技を北朝鮮で開催させるとする韓国側と、韓国と同等の立場で開催したい北朝鮮の妥協点が見つからないまま、1987年11月に大韓航空機爆破事件が起こり、話は立ち消えとなった。

### 競技TOPICS

●驚異的なスピードで3冠を達成したジョイナー
ロサンゼルス大会の200mで銀メダルを獲得し、鮮やかなマニキュアを塗った爪と人目を引く競技ウェアで注目を浴びたジョイナー。ソウル大会でも100m(10秒54)、200m(21秒34・世界記録)、4×100mリレーの3冠を獲得した。驚異的な記録のためステロイド使用疑惑もかけられたが、検査では禁止薬物は検出されなかった。

### 日本代表TOPICS

●レスリングで2個の金
水泳の男子100m背泳ぎで得意のバサロスタートで鈴木大地が日本新記録を樹立し、金メダルを獲得した。レスリングではフリースタイル48kg級の小林孝至、52kg級の佐藤満が優勝。金メダル4個を目標にした柔道は1つも金メダルがないまま最終日を迎え、日本選手団全体の主将も務める95kg超級の斎藤仁が優勝し、かろうじて柔道発祥の国の面子を保った。

●マラソンではメダル獲得ならず
日本人の期待が集まった男子マラソンでは日本記録を持つ中山竹通が4位、瀬古利彦が9位、新宅永灯至が17位に終わった。

男子体操で鉄棒の演技中の池谷幸雄。西川大輔との清風高校コンビで注目を集め、団体総合では銅メダル、個人総合では8位に入った。引退後は体操教室を開き、2017年の世界選手権で、種目別の床で金メダルを獲得した村上茉愛などを輩出した

大会前年の1987年に米ソが中距離核戦力（INF）全廃条約に調印、初めての具体的な核兵器廃棄となった（写真は調印する米レーガン大統領とソ連ゴルバチョフ書記長）

### Column

#### ドーピングで金メダルを剥奪されたベン＝ジョンソン

　今大会で最も注目を集めたのが陸上の男子100mだった。前回優勝のカール＝ルイスと前年の世界陸上大会覇者ベン＝ジョンソンの対決である。それぞれ準決勝を1位で勝ち上がり、決勝戦ではジョンソンが自慢のロケットスタートでリードして、後半強いルイスの追い上げもかなわなかった。2位のルイスも9秒92と世界記録を更新したが、ジョンソンは9秒79という驚異的なタイムでの優勝だった。

　だがレースから2日後、ジョンソンがIOCが禁止している筋肉増強剤を使用していたことが発覚した。そして世界記録も抹消され、金メダルは剥奪された。ドーピングによる失格は検査が採用された1968年以降、オリンピック史上43人目だったが、これほどの大物は過去に例がなかった。

　ジョンソンは2年間の出場停止処分後に復帰したが、1993年には別の禁止物質が検出され、永久追放になった。

## 国際情勢

**EUROPE**
1985年に期限を迎えたワルシャワ条約機構が20年延長され、1986年には全欧兵力100万人削減が提案された。

**ASIA**
日米貿易摩擦が進み、1985年には米議会で貿易不均衡との対日批判が出る。翌1986年には1ドル150円台の円高となり、日本市場に参入できない製品の障害要因を分野別に協議するMOSS協議などで摩擦解消に努めるが、1988年、アメリカは一方的に不公正貿易国を認定し、対抗措置が講じられるスーパー301条を成立させた。

**AMERICA**
1987年、アメリカ合衆国とソ連は中距離核戦力(INF)全廃条約に署名。米ソが初めて核兵器の削減に同意し、地上配備の中距離核ミ

### CLOSE UP ①
# アジア諸地域の民主化

### アジア諸地域の動向

| 年 | 月 | 出来事 |
|---|---|---|
| 1979 | 10 | 韓国、朴正煕大統領暗殺 |
| 1980 | 5 | 韓国、光州事件 |
|  | 8 | 韓国、全斗煥大統領(~88) |
| 1986 | 2 | フィリピン政変 |
|  |  | →マルコス失脚、アキノ大統領(~92) |
| 1987 | 8 | 台湾、戒厳令38年ぶり解除 |
|  | 12 | 韓国、大統領直接選挙 |
|  |  | →盧泰愚大統領(任1988~93) |
| 1988 | 1 | 台湾、李登輝総統(~2000) |
|  | 7 | ミャンマー、ネ=ウィン大統領辞任 |
| 1991 | 10 | アウン=サン=スー=チー、ノーベル平和賞 |
| 1992 | 5 | タイ、民主化要求運動 |
| 1998 | 3 | インド、総選挙で人民党が第一党になる |
|  | 5 | インドネシア反政府暴動 |
|  |  | →スハルト大統領辞任 |
| 2000 | 5 | 台湾、陳水扁総統(~08) |
| 2002 | 5 | 東ティモール独立 |
| 2003 | 10 | マレーシア、マハティール首相退任 |
| 2008 | 5 | ネパール、王政廃止 |

### ■アジアの独裁政権

### ■経済成長率の推移

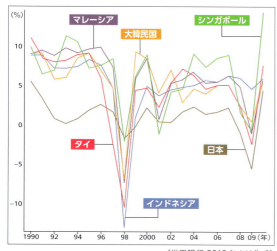

(世界銀行 2012年より作成)

### ■韓国の民主化

　1979年に朴正煕大統領が暗殺され、1980年、クーデターで政権を奪取した全斗煥らが金大中を逮捕したことに抗議した光州事件では約200名の学生、市民らが犠牲となるなど、軍部政権が続いていた。

　1987年、全斗煥の盟友である軍人の盧泰愚が民主化を求める声の高まりのなか、大統領直接選挙を含む民主化宣言を発表。翌年に大統領に就任した盧泰愚は、ソウル・オリンピックを機にいわゆる「北方外交」を展開して、社会主義諸国との改善に努めた。ソ連と国境を正常化し、1991年には北朝鮮とともに国際連合に加盟した。中国とも国交を結び、1992年の総選挙では李承晩が下野して以来、32年ぶりに文民出身の金泳三が大統領となった。1998年には軍部独裁政権時代に弾圧を受けていた金大中が大統領となり、民主化とともに、朝鮮との南北対話をめざす太陽政策を推進した。

# ソウル大会 1988
## SEOUL 1988

サイルが欧州から撤去された。
### AFRICA
1985年、南アフリカ政府が非常事態宣言を発令し、反アパルトヘイト運動への弾圧を強化した。国連安保理は南アフリカに対する経済制裁を実施するよう加盟国に要請。英連邦、EC、日本、アメリカと制裁に踏み切り、3年間で200以上の企業が南アフリカ共和国から撤退した。
### OCEANIA
1988年、オーストラリアで建国200年祭が行われる。1788年にイギリス人が入植を開始してから200年であり、先住民族のアボリジニはこれに抗議した。

## フィリピン
1986年の大統領選挙の不正に抗議して大衆運動が一挙に盛り上がり、20年におよぶマルコス政権が打倒された。この政変はピープル＝パワー革命、あるいは運動の先頭に立ったコラソン＝アキノを支持する人々が黄色をシンボルカラーとしていたため「黄色い革命」ともいわれる。

## ミャンマー
ネ＝ウィン将軍が大統領を辞任した後も軍事政権が続き、「ビルマ建国の父」といわれるアウン＝サン将軍の長女であるスー＝チーが1988年以降、民主化運動をリードした。1990年、30年ぶりに行われた総選挙でスー＝チー率いる国民民主連盟（NLD）が圧勝したが、軍政府は選挙結果を無視して独裁体制を強化した。2010年に20年ぶりに選挙が行われ、翌年、新政府が発足。軍から政権が委譲された。

## インドネシア
1965年の九・三〇事件以来、スハルトが独裁体制を維持してきたが、1997年のアジア通貨危機で民衆の不満が高まり、1998年に民政に移管した。また、1999年に住民投票で独立が決まった東ティモールが、2002年正式に独立した。

## タイ
1992年5月、前年の陸軍クーデターで権力を握ったスチンダー首相の退陣と民主化を求めるデモ隊が軍隊と衝突し、300人以上が死亡した。国王ラーマ9世の調停で事件は収拾し、スチンダーは退陣した。だが、その後も2006年、2014年とクーデターが起こるなど民主化への道は難航している。

## CLOSE UP ❷
## カンボジア内戦

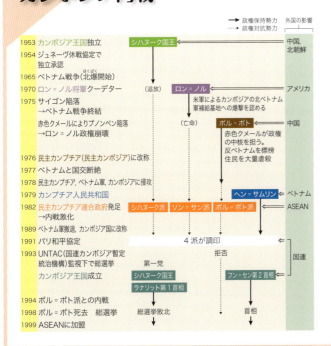

ベトナム戦争とともにカンボジアではロン＝ノル将軍ら右派が勢力を伸ばし、1970年、国家元首ノロドム＝シハヌークが外遊中に、無血クーデターで権力を掌握した。ロン＝ノルは、領内の南ベトナム勢力を一掃するためにアメリカのカンボジア侵攻を認めたが、内戦を拡大する結果になった。

1975年、赤色クメールの指導者ポル＝ポトがロン＝ノルを追放し親中国のポル＝ポト政権が発足すると、カンボジアは共産化し民主カンプチアに改称した。1978年、ベトナム軍がカンボジアに侵攻し第3次インドシナ戦争が勃発すると、ベトナム軍占領下にカンプチア人民共和国が発足、ポル＝ポト政権と対立した。1989年にベトナム軍が撤退し、パリ和平協定の締結、国連カンボジア暫定統治機構（UNTAC）の停戦監視活動などを経て、1993年、総選挙の結果、シハヌークを国家元首とする暫定政府が成立した赤色クメールは武装解除に応じなかったが、1998年にポル＝ポトが死亡し、内戦が事実上終結した。なお、ポル＝ポト政権は都市住民の農村への強制移住や知識人階級の虐殺などを行い、170万人の国民が犠牲になったといわれる。

105

## この間の冬季オリンピック

### 第5回 1948年 SAINT MORITZ 5th
## サン・モリッツ大会

| 開催国 | スイス |
|---|---|
| 参加国（地域）数 | 28 |
| 参加選手数 | 669 |
| 実施種目数 | 22 |

第二次世界大戦を挟んでの12年ぶりの大会。1939年に夏季大会開催国に冬季大会の優先権を与えるルールが撤廃され、夏季と同様投票で開催都市を決めるようになった最初の大会でもある。アイスホッケーではアメリカから2チームが派遣され騒動となったハプニングも。敗戦国の日本やドイツは招待されなかった。

### 第6回 1952年 OSLO 6th
## オスロ大会

| 開催国 | ノルウェー |
|---|---|
| 参加国（地域）数 | 30 |
| 参加選手数 | 694 |
| 実施種目数 | 22 |

北欧での初の開催で、冬季大会で初めて聖火リレーが実施された。ジャンプでは過去最高の15万人の観客を動員し、スピードスケートで地元選手ヤルマール＝アンデルセン（ノルウェー）が3種目を制するなどした。日本は16年ぶりに13人の選手で臨み、スピードスケートで高林清高が6位入賞、高校3年生の猪谷千春（アルペン大回転）が11位を記録するなど健闘した。

### 第7回 1956年 CORTINA D'AMPEZZO 7th
## コルチナ・ダンペッツォ大会

| 開催国 | イタリア |
|---|---|
| 参加国（地域）数 | 32 |
| 参加選手数 | 821 |
| 実施種目数 | 24 |

冬季五輪では初めてソ連が参加し、東西ドイツによる統一選手団が派遣されるなど、参加選手数も過去最高を記録。メダルでもソ連が他を圧倒した。日本は10人の選手団で挑み、ついにスキー回転で猪谷千春が銀メダルを獲得。冬季五輪では日本人初のメダルとなった。日本では冬季五輪としては初めてラジオ中継が実施された。

### 第8回 1960年 SQUAW VALLEY 8th
## スコー・バレー大会

| 開催国 | アメリカ合衆国 |
|---|---|
| 参加国（地域）数 | 30 |
| 参加選手数 | 665 |
| 実施種目数 | 27 |

米ソ対立から当初、共産圏選手の参加が危ぶまれたがIOCによる米国への働きかけもあり、ソ連の参加が実現。開会式の演出はウォルト＝ディズニーが担当し、世界初の人工スケートリンクが登場した。日本からはスピードスケートの高見沢初枝が3000mで4位、500mと1000mで5位と3種目で入賞を果たした。

## 第9回 1964年 INNSBRUCK 9th
### インスブルック大会

| 開催国 | オーストリア |
|---|---|
| 参加国(地域)数 | 36 |
| 参加選手数 | 1091 |
| 実施種目数 | 34 |

冬季五輪史上初めて参加選手が1000人を超えた。前大会で競技から外されたボブスレーが復活し、新たにリュージュやジャンプの90m級(現ラージヒル)などが追加された。ソ連が3大会連続で金メダル最多を記録し、女子スピードスケートでは3000mで北朝鮮のハン＝ピルファがアジア勢としては初の銀メダルを獲得。日本勢は5位(2人)、6位(1人)の入賞にとどまった。

## 第10回 1968年 GRENOBLE 10th
### グルノーブル大会

| 開催国 | フランス |
|---|---|
| 参加国(地域)数 | 37 |
| 参加選手数 | 1158 |
| 実施種目数 | 35 |

1967年にIOCがドーピング禁止を宣言し、初めてドーピング検査が行われた大会となった。また女子選手として男性が出場しているという疑惑から、この大会から女子選手に対する性別検査が行われるようになった(後に女性差別との批判から廃止)。日本勢は入賞者なしの結果に終わった。

## 第11回 1972年 SAPPORO 11th
### 札幌大会

| 開催国 | 日本 |
|---|---|
| 参加国(地域)数 | 35 |
| 参加選手数 | 1006 |
| 実施種目数 | 35 |

冬季五輪としてアジアで初めて開催された大会。ホスト国の日本は6競技90人が出場し、スキーのジャンプ70m級で笠谷幸生ら3人が金銀銅メダルを独占、「日の丸飛行隊」と讃えられた。以前から問題になっていたIOCのアマチュア規定をめぐる国際スキー連盟との対立から、オーストリアのアルペン代表選手カール＝シュランツがプロとみなされ直前に招待を取り消されるというハプニングもあった。

共同通信社/アマナイメージズ

札幌大会開幕式で入場行進する日本選手団(真駒内スピードスケート競技場)

## 第12回 1976年 INNSBRUCK 12th
### インスブルック大会

| 開催国 | オーストリア |
|---|---|
| 参加国（地域）数 | 37 |
| 参加選手数 | 1123 |
| 実施種目数 | 37 |

当初はデンバー（米コロラド州）での開催の予定だったが、経済的理由や環境破壊の恐れなどから州内に反対運動が起こって開催返上となり、急きょインスブルックが代替開催地となった。またこの大会から、開催地は別であったが冬季パラリンピックの開催も始まった。日本選手（48人）は残念ながら入賞者0という結果に終わった。

## 第13回 1980年 LAKE PLACID 13th
### レークプラシッド大会

| 開催国 | アメリカ合衆国 |
|---|---|
| 参加国（地域）数 | 37 |
| 参加選手数 | 1072 |
| 実施種目数 | 38 |

この年夏のモスクワ大会は西側諸国によるボイコットの動向が心配されていたが、この大会は前冬季大会とほぼ同様の規模で開催された。中国も冬季では初の参加。男子スピードスケートではエリック＝ハイデンが個人5種目すべてで優勝するという快挙を達成。金メダルの数ではソ連がトップとなり、日本勢からは八木弘和がジャンプ70m（現ノーマルヒル）で銀メダルを獲得した。

## 第14回 1984年 SARAJEVO 14th
### サライェヴォ大会

| 開催国 | ボスニア・ヘルツェゴヴィナ |
|---|---|
| 参加国（地域）数 | 49 |
| 参加選手数 | 1272 |
| 実施種目数 | 39 |

冬季五輪史上初の共産圏での開催となった。金メダル獲得数では東ドイツが強豪ソ連を上回ってトップに立った。日本勢では期待の黒岩彰（スピードスケート）が500mで10位、1000mで9位に終わったものの、北沢欣浩が銀メダルを獲得。使用された競技施設は後の1990年代に起こったボスニア紛争で、その大半が破壊される悲劇に見舞われた。

## 第15回 1988年 CALGARY 15th
### カルガリー大会

| 開催国 | カナダ |
|---|---|
| 参加国（地域）数 | 57 |
| 参加選手数 | 1423 |
| 実施種目数 | 46 |

冬季としてはこの大会より1業種1社の公式パートナーシップスポンサー制度（TOP）が導入された。大会期間も夏季と同じ16日間に延長され、放映権料が初めて3億ドルを超えた。日本勢からは黒岩彰がスピードスケート500mで銅メダルを獲得し、前大会の雪辱を果たした。

# Ⅳ グローバリゼーション下のオリンピック

# 夏季オリンピック
## バルセロナ大会

1992 BARCELONA 25th SUMMER OLYMPIC GAME

| 開催国 | スペイン |
|---|---|
| 開催期間 | 7月25日〜8月9日 |
| 参加国(地域)数 | 169 |
| 参加選手数 | 9356 |
| 実施競技数 | 25 |
| 実施種目数 | 257 |

1991年8月政変の行方を見守る群衆(レニングラード)。守旧派がゴルバチョフを軟禁してクーデターを起こすが、改革派のエリツィンが勝利してソ連共産党は解散、同年12月にソ連は解体した

ZUMA Press/amanaimages

### 大会TOPICS

●サマランチIOC会長の故郷バルセロナ
東西冷戦が終結し、史上最大規模の平和の祭典となったバルセロナ大会。ロサンゼルス大会が「オリンピックは儲かる」という印象を与えると、1988年実施の大会には6都市が立候補した。そのなかからサマランチIOC会長の出身地であるバルセロナが選ばれた。

●ソ連崩壊後の独立国家共同体が今回限りの参加
崩壊したソ連は今回に限り、ロシア、アゼルバイジャン、アルメニア、ベラルーシ、グルジア、カザフスタン、キルギスタン、モルドバ、タジキスタン、トルクメニスタン、ウクライナ、ウズベキスタンの12ヵ国で構成した独立国家共同体(EUN)として参加した。また、人種差別政策に対するペナルティが解けた南アフリカ共和国が32年ぶりに参加した。

### 競技TOPICS

●ドリームチームを結成したバスケットボール
今大会からIOCはバスケットボールにプロ選手の参加を認めた。アメリカの男子チームは選手12人中11人が全米プロバスケットボール協会(NBA)の選手で、ドリームチームを編成した。マイケル=ジョーダンやマジック=ジョンソンを擁するアメリカは圧倒的な強さで優勝した。

### 日本代表TOPICS

●14歳の岩崎恭子の快挙
世界的に無名だった14歳の岩崎恭子が水泳の女子200m平泳ぎで優勝。日本の女子水泳選手の優勝は1972年の第20回ミュンヘン大会での青木まゆみ以来20年ぶり、同種目での金メダルとなると第11回ベルリン大会の前畑秀子以来、56年ぶりの快挙だった。

●女子マラソン躍進の第一歩となった有森裕子の銀
女子マラソンでは有森裕子がEUNのエゴロワとデッドヒートを演じ、2位に入った。これをきっかけに、歴史の浅かった女子マラソンに注目が集まる。

女子平泳ぎ200mで優勝した岩崎恭子（フォート・キシモト）。まさかの金メダルに輝いた14歳の岩崎恭子は「今まで生きていたなかで今が一番幸せです」という名言を残した

イラクのクウェート侵攻に対して国連は武力行使を決議し、1991年1月、米を中心とする多国籍軍がイラク攻撃を開始。写真は地上戦を展開中の多国籍軍（1991年2月）

## Column

### 日本人選手の名言

　オリンピックでは数々の名言が生まれる。今大会では、男子マラソンで優勝候補だった谷口浩美が20km過ぎ、靴を踏まれて転倒した。その後、靴を履き直し、8位入賞したが、インタビューに「こけちゃいました」とさわやかに言い放った。その後、「これも運ですね」と続けたが、誰のせいにもせず結果を受け入れる谷口の言葉は強い印象を残した。

　今大会で銀メダルを獲得した女子マラソンの有森裕子は、次回アトランタで銅メダルとなるが、「メダルの色は銅かもしれませんが、終わってから、どうして、もっと頑張れなかったのか、というレースはしたくありませんでした。初めて自分で自分をほめたいと思います」と語った。

　もともとこの言葉はフォークシンガーの高石ともやの詩から来たものだった。有森が高校時代、補欠で臨んだ都道府県対抗女子駅伝の開会式で、市民ランナーの草分けでもあった高石が参加者を励ますために「ここに来た自分を、人にほめてもらうんじゃなく、自分でほめなさい」と朗読した詩の一節だった。

　有森はいつかこの言葉を言えるような選手になろうと練習に耐え、アトランタのレース後、自然に出てきたのだった。

## 国際情勢

**EUROPE**
1989年11月、東ドイツのモドロウ首相が国外旅行の自由化を宣言し、ベルリンの壁が崩壊した。

**ASIA**
1989年6月、中国共産党の改革派指導者だった胡耀邦元書記長の死をきっかけに民主化を求める学生や市民が天安門広場に集まったが、人民解放軍が発砲して多数の死傷者を出した。

**AMERICA**
1989年12月、アメリカのブッシュ大統領とソ連のゴルバチョフ書記長がマルタ島で首脳会談を行い、冷戦の終結を宣言した。

## CLOSE UP ❶ 東欧の民主化

| 年 | 月 | 出来事 |
|---|---|---|
| 1980 | 9 | ポーランドで自主管理労組「連帯」設立 |
| 1981 | 2 | ポーランド首相にヤルゼルスキ就任 |
| | 12 | ポーランドで戒厳令施行(〜83.7) |
| 1988 | 3 | 新ベオグラード宣言 |
| 1989 | 6 | ポーランドで自由選挙方式による国会議員選挙 |
| | 10 | 東ドイツ書記長ホーネッカー退陣<br>ハンガリー、共和国宣言 |
| | 11 | 東ドイツ政府、ベルリンの壁を撤去<br>→東西ドイツの国境開放<br>ブルガリア共産党書記長ジフコフ辞任 |
| | 12 | ルーマニアでチャウシェスク政権崩壊<br>チェコスロヴァキア連邦議会議長にドプチェク就任(〜92)<br>チェコスロヴァキア大統領にハヴェル就任(〜92)<br>ポーランド、国名をポーランド共和国と改称 |
| 1990 | 3 | リトアニア、独立を宣言<br>東ドイツで自由選挙<br>ハンガリーで自由選挙 |
| | 4 | チェコスロヴァキア、国名を「チェコおよびスロヴァキア連邦共和国」と改称<br>ユーゴスラヴィアのスロヴェニアとクロアティア両共和国で自由選挙 |
| | 5 | ルーマニアで自由選挙 |
| | 6 | チェコスロヴァキアで自由選挙<br>ブルガリアで自由選挙<br>ルーマニア大統領にイリエスク就任 |
| | 10 | 東西ドイツの統一実現 |
| | 12 | ポーランド大統領選の決選投票でワレサ当選 |

### 東欧革命

### ポーランド
民主化要求が高まるポーランドで1989年、共産党政権と反体制派勢力との対話を目的とした円卓会議が開催された。「連帯」の議長として政府の弾圧に抵抗していたワレサも出席し、経済改革、政治改革、労働問題などが議論され、新しい議会選挙方法も決定した。これに従い1989年に実施された自由選挙で「連帯」が勝利し、非共産主義政権が誕生した。

### 東ドイツ（ドイツ民主共和国）
1976年以来国家評議会議長を務めてきたホーネッカーが国内民主化の要求に対応できず、1989年に解任された。そして民主化要求の大集会が開かれ、政府は出国の自由化、国境の開放を決定し、ベルリンの壁が崩壊した。翌1990年に初の自由選挙が行われ、ドイツ統一派が勝利し、東西ドイツの統一が実現した。

### ルーマニア
チャウシェスク大統領とその妻が君臨する特異な独裁体制は、ハンガリー系市民の虐殺に抗議したデモが全国に波及し、退陣に追い込まれた。チャウシェスク夫妻は銃殺刑に処され、1990年、自由選挙を経て、イリエスクが大統領に就任した。

### チェコスロヴァキア
1989年、プラハの学生デモに対する警官隊の弾圧を機に全土で反政府デモが広がった。共産党政権と反政府勢力が協議の結果、共産党の一党独裁の放棄などが合意された。衝突や流血を伴うことなくなめらかに民主化が進んだことから「ビロード革命」と呼ばれる。

### ハンガリー
東欧における共産党独裁の限界があきらかになると、ハンガリーでは西側のオーストリアとの国境の柵を取り除いた。するとオーストリア経由で西ドイツへ亡命を求める東ドイツ市民が殺到し、汎ヨーロッパ・ピクニックと呼ばれる政治集会が行われ、冷戦終結の引き金となった。

# バルセロナ大会 1992
## BARCELONA 1992

### AFRICA
1990年、反アパルトヘイト運動により逮捕され獄中生活を送っていた南アフリカのネルソン=マンデラが28年ぶりに解放され、翌1991年、デクラーク大統領がアパルトヘイト撤廃を宣言した。

### OCEANIA
1989年、オーストラリアの提唱によりアジア太平洋経済協力会議（APEC）が創設された。アジア太平洋地域内の貿易や投資の自由化を促進し、経済成長を推進することを目的とする。

## CLOSE UP ❷
## ソ連邦の解体

### ソ連の成立から解体まで

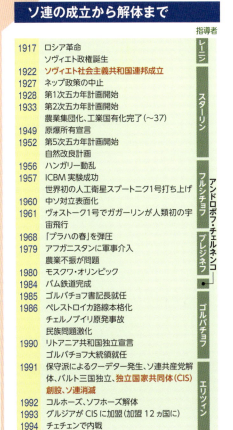

### 分裂したソ連

1985年に書記長に就任したゴルバチョフは行き詰まった社会主義体制を立て直すため、国内の改革（ペレストロイカ）や情報公開（グラスノスチ）による自由化を推進した。1990年に共産党の指導にかわり大統領制が導入され、ゴルバチョフが選出されると、市場経済への移行が始まった。

東欧の民主化もソ連邦内の諸民族に影響を与え、バルト三国をはじめとした独立運動が始まった。1991年、連邦の維持を主張する保守派のクーデターが失敗すると、ほとんどの共和国が連邦からの離脱を宣言した。連邦を結びつけていたソ連共産党も解散し、エリツィンを大統領とするロシア連邦を中心に11の共和国がゆるやかな国家連合隊として独立国家共同体（CIS）を結成し、ソ連邦は解体した。

バルト三国はすでに独立していたため、バルセロナ・オリンピックにはCISに後から加盟したグルジア（現ジョージア）も含め12ヵ国がEUN（統一チーム）として参加した。メダル獲得数でもアメリカを上回りトップだった。

### ■バルト三国の独立

バルト海東岸のエストニア、ラトビア、リトアニアの3共和国は、1917年のロシア革命前はロシア帝国領だったが、1918年に独立を宣言し共和国を成立させた。だが独ソ不可侵条約によってソ連軍が駐屯し、1940年にソ連邦へ加盟した。ゴルバチョフが民主化の動きを進めると、バルト三国は分離、独立運動を展開し、1991年8月、モスクワでの保守派クーデター失敗を機に、独立を回復した。

いち早くソ連邦から離脱し独立国家共同体に加盟しなかったバルト三国は、バルセロナ・オリンピックには各国単独で参加している。

# 第26回 1996年 夏季オリンピック
# アトランタ大会

## 1996 ATLANTA 26th SUMMER OLYMPIC GAME

| 開催国 | アメリカ合衆国 |
|---|---|
| 開催期間 | 7月19日～8月4日 |
| 参加国(地域)数 | 197 |
| 参加選手数 | 10318 |
| 実施競技数 | 26 |
| 実施種目数 | 271 |

旧ユーゴスラヴィア解体に伴い各地で長期に渡る武力紛争が起こった。写真は1992年からのボスニア内戦で空爆されたサライェヴォ市内

Roger-Viollet/amanaimages

### 大会 TOPICS

●オリンピック100年の記念大会

近代オリンピック100年となる第26回大会には、アトランタ、アテネ、トロント、メルボルン、マンチェスター、ベオグラードの6都市が立候補した。なかでも、古代オリンピックの開催地であり、近代オリンピックも最初に開催されたギリシャのアテネは有力視されたが、政情や財政面での不安があった。1990年のIOC総会で投票が行われ、1996年大会を早くから「ゴールデン・オリンピック」と名付けて招致運動を展開していたアトランタが選ばれた。アメリカ南部の都市では初めての開催となった。

●豪華絢爛な開会式

1972年から公認清涼飲料に認定されているコカ・コーラの本社があるアトランタで行われたオリンピックの開会式は豪華絢爛で、『スターウォーズ』『スーパーマン』などの映画音楽を手がけるジョン=ウィリアムスがテーマ曲を作曲し、最終聖火ランナーにはパーキンソン病で闘病中のモハメド=アリが登場した。また、閉会式には日本からギタリストの布袋寅泰が参加した。

### 競技 TOPICS

●カール=ルイス奇跡の4連覇

35歳となったアメリカのカール=ルイスが走り幅跳びで金メダルを獲得し、オリンピック4連覇の偉業をなしとげた。

### 日本代表 TOPICS

●柔道でメダルを量産

男子60kg級の野村忠宏、71kg級の中村謙三、女子61kg級の恵本裕子が金メダル、古賀稔彦、中村行成、田辺陽子、田村亮子が銀メダルを獲得した。世界選手権を連覇していた田村は前回大会に続いて、まさかの銀だった。

●サッカーで「マイアミの奇跡」

サッカーは女子が正式種目に採用された大会でもあり(日本は3戦全敗)、男子がブラジルを1対0で破る「マイアミの奇跡」を演じた。

114

PHOTO KISHIMOTO/amanaimages

開会式で最終聖火ランナーを務めたモハメド＝アリ。手を震わせながら聖火を運んだ

Polaris/amanaimages

南アフリカでは長年のアパルトヘイトが廃止され、1994年に初の全人種による選挙で27年間も投獄されていた反アパルトヘイト闘争の指導者マンデラが大統領に選ばれた

## Column

### 差別と戦ったアリとオリンピック

　元ボクシング世界ヘビー級チャンピオンのモハメド＝アリ（本名カシアス＝クレイ）はアマチュア時代、1960年のローマ・オリンピックに出場し、金メダルを獲得した。幼いころから人種差別を受けていた彼は世界一になって、アメリカ国民として認めてもらえることを願っていた。だが、帰国後に待っていたのは、称賛ではなく変わらぬ差別だった。黒人だからという理由でレストランの入店を断られたのだ。彼は金メダルをオハイオ川に投げ捨てた。

　その後、プロ入りし世界チャンピオンになったが、その翌日、白人がつけた奴隷の名前カシアス＝クレイを捨て、モハメド＝アリになると宣言した。黒人のイスラム組織に入ったアリは、黒人差別を繰り返すアメリカ社会を批判し、1967年にはベトナム戦争への徴兵を拒否しチャンピオンベルトを剥奪された。

　アメリカ政府と法廷で闘い無罪を勝ち取ったアリは再び王者となるが、1981年に引退。その後、アリはパーキンソン病を発病しながらも差別の撤廃と世界の平和のための活動を続ける。アトランタ・オリンピックへの登場は、アリとアメリカ社会の和解を象徴するシーンだった。そして、IOCはアリが川に捨てたローマ・オリンピックの金メダルのレプリカをアリに贈呈した。

## 国際情勢

### EUROPE
マーストリヒト条約により1993年、フランス、ドイツ、イタリア、ベルギー、オランダ、ルクセンブルク、アイルランド、イギリス、デンマーク、ギリシア、スペイン、ポルトガルの12ヵ国でヨーロッパ連合(EU)が誕生し、1995年にはオーストリア、フィンランド、スウェーデンの3ヵ国が加盟した。

### ASIA
1993年、中国では江沢民書記長が国家主席、中央軍事委員会主席を兼任し、韓国では金泳三が大統領に就任した。

## CLOSE UP ❶
## 冷戦後の世界の主な地域紛争

### ルワンダ内戦
1990年、ベルギーの信託統治時代からの少数派支配民族であるツチ族と、1973年にクーデターで政権を握った多数派民族のフツ族の間で内戦が勃発した。1994年、フツ族出身の大統領が乗る飛行機が撃墜された事件を機に、フツ族民兵組織などがツチ族やフツ族の穏健派まで虐殺し、100日間で80万〜100万人が犠牲になったとみられる。ツチ族主体のルワンダ愛国戦線が虐殺阻止と政府転覆をねらって首都に進撃し、新政府を樹立した。虐殺の報復を恐れザイールなど国外へ逃れた難民はフツ族を中心に200万人を超え、国際問題となった。

### 北アイルランド紛争
1922年にアイルランドはイギリスから独立したが、イギリスに残った北アイルランドでは、イギリスからの分離とアイルランドへの併合を求める少数派のカトリック系住民と、イギリスの統治を望む多数派のプロテスタント系住民が対立。1960年代末からイギリスからの分離を求めるアイルランド共和国軍(IRA)などのテロが頻発した。1990年代に入りしだいに沈静化し、1993年にイギリスとアイルランドの両首脳が共同和平宣言を発表。1998年には包括和平合意「聖金曜日の合意」が成立した。

### ソマリア内戦
「大ソマリア主義」を唱えて周辺国との国境紛争が耐えないソマリアでは、1977〜1978年にかけてはエチオピアとオガデン紛争を引き起こし、1988年からは複数の反政府勢力との内戦が本格化した。1991年に独裁政権が崩壊し、武力勢力が各地に割拠する無政府状態になる。2004年に和平協定が結ばれ、2005年には暫定政府が発足。2007年からアフリカ連合軍が展開している。

### バスク民族運動
ピレネー山脈西部、フランスとスペインにまたがるバスク地方には独自の言語、風習を持つバスク人が居住し、分離独立運動が根強い。民族運動の急進派「バスク祖国と自由」が1959年に結成されると、民族解放革命運動をめざして武力闘争を展開。1968年以降は暗殺やテロによる犠牲者も少なくない。2000年代後半からスペイン当局により「バスク祖国と自由」のメンバーが多数逮捕され、2011年に武装活動の完全停止を宣言した。

# アトランタ大会 1996
ATLANTA 1996

**AMERICA**
1994年、アメリカ合衆国、カナダ、メキシコの3ヵ国で一大自由市場の形成をめざす北米自由貿易協定（NAFTA）が発効。内容は関税の引き下げ、撤廃、金融サービス市場の開放、投資の自由化など。

**AFRICA**
1993年、南アフリカ共和国のネルソン=マンデラがノーベル平和賞を受賞し、翌1994年には黒人初の大統領となる。

**OCEANIA**
1996年、南太平洋海域環境プログラム（SPREP）が1997年を「太平洋サンゴ礁年」とし、同海域のサンゴ礁を保護する運動を展開することを決議。

## オリンピック100年

### ■第1回アテネ大会と第26回アトランタ大会の実施競技

#### ●アテネ（1896年） 8競技

陸上
体操
（ウェイトリフティング含む）
水泳
フェンシング
レスリング
自転車
射撃
テニス

#### ●アトランタ（1996年） 26競技

| | | |
|---|---|---|
| 陸上競技 | 体操／体操競技、新体操 | フェンシング |
| 水泳／ | バスケットボール | 柔道 |
| 　競泳、飛込み、シンクロ、水球 | レスリング | ソフトボール |
| サッカー | ヨット（セーリング） | バドミントン |
| テニス | ウェイトリフティング | 射撃 |
| 漕艇（ボート） | ハンドボール | 近代五種 |
| ホッケー | 自転車 | カヌー |
| ボクシング | 卓球 | アーチェリー |
| バレーボール | 馬術 | 野球 |

### ■オリンピック100年の記録比較（男子）

| 競技名 | 種目 | 第1回アテネ | 第26回アトランタ | 現在の世界記録 |
|---|---|---|---|---|
| 陸上競技 | 100m | 12秒0 | 9秒84 | 9秒58（2009／ボルト） |
| | 200m | 21秒6※2 | 19秒32 | 19秒19（2009／ボルト） |
| | 400m | 54秒2 | 43秒49 | 43秒03（2016／ニーケアク） |
| | 800m | 2分11秒0 | 1分42秒58 | 1分40秒91（2012／ルディシャ） |
| | 1500m | 4分34秒2 | 3分35秒78 | 3分26秒00（1998／ゲルージ） |
| | 110mハードル | 17秒6 | 12秒95 | 12秒80（2012／メリット） |
| | 400mハードル | 55秒0※3 | 47秒54 | 46秒78（1992／ヤング） |
| | マラソン | 2時間58分50秒※1 | 2時間12分36秒 | 2時間2分57秒（2014／キメット） |
| | 走り高跳び | 1m81 | 2m39 | 2m45（1993／ソトマヨル） |
| | 棒高跳び | 3m30 | 5m92 | 6m16（2014／ラヴィレニ） |
| | 走り幅跳び | 6m35 | 8m50 | 8m95（1991／パウエル） |
| | 三段跳び | 13m71 | 18m09 | 18m29（1995／エドワーズ） |
| | 砲丸投げ | 11m22 | 21m62 | 23m12（1990／バーンズ） |
| | 円盤投げ | 29m15 | 69m40 | 74m08（1986／シュルト） |
| | ハンマー投げ | 51m92※3 | 81m24 | 86m74（1986／セディフ） |
| | やり投げ | 54m83※3 | 88m16 | 98m48（1996／ゼレズニー） |
| 競泳 | 100m自由形 | 1分22秒2 | 48秒74 | 46秒91（2009／シエロフィーリョ） |
| | 400m自由形 | 8分12秒6 | 3分47秒97 | 3分40秒07（2009／ビーデルマン） |

※1：36.750km　※2：1904年セントルイス大会　※3：1908年ロンドン大会の記録（IOC、JOC、「月刊陸上競技」、JASFホームページより作成）

# 夏季オリンピック
# シドニー大会

2000 SYDNEY 27th SUMMER OLYMPIC GAME

| 開催国 | オーストラリア |
|---|---|
| 開催期間 | 9月15日〜10月1日 |
| 参加国(地域)数 | 199 |
| 参加選手数 | 10651 |
| 実施競技数 | 28 |
| 実施種目数 | 300 |

エリツィンの後継として2000年にプーチンがロシア大統領となった。以後「強いロシア」を掲げ、現在も大国をけん引し続けている

ZUMA Press/amanaimages

## 大会 TOPICS

●**3度目の正直でオーストラリア開催**
前回のメルボルン、前々回のブリスベーンと3度続けて開催地に立候補していたオーストラリアのシドニーが、3度目の正直で選出された。事前の予想では国を挙げて招致運動を展開した北京が有利とみられていたが、決選投票の前にアメリカ政府が中国の人権問題に抗議し、その結果、逆転でシドニーに決まった。

●**コンパクト・オリンピックに**
オリンピックの巨大化にともない会場も分散する傾向にあったが、シドニーではコンパクトな大会がめざされた。会場は市民スポーツの拠点としても機能するよう計画され、選手村は環境保護団体のグリーンピースと提携して設計された。

## 競技 TOPICS

●**カレリン、オリンピック4連覇ならず**
男子レスリングのグレコローマン130kgで国際大会13年間無敗、オリンピック3連覇中だったアレクサンドル=カレリンが決勝で敗れ、4連覇はならなかった。

## 日本代表 TOPICS

●**高橋尚子、陸上女子初の金メダル**
女子マラソンは序盤からレースを引っ張った高橋尚子が大会記録で優勝。日本陸上界では1936年ベルリン大会三段跳びの田島直人以来64年ぶり、女子としては初の快挙。高橋には大会後、国民栄誉賞が授与された。

●**女子選手が活躍**
競泳で銀2個(中村真衣、田島寧子)、銅2個(中尾美樹、400mメドレー)とすべてのメダルを女子が獲得し、柔道では田村亮子の金をはじめ銀1個、銅2個、シンクロでも銀2個、ソフトボールが銀、テコンドーで銅1個と、日本が獲得したメダル18個のうち13個を女子が占めた。

PHOTO KISHIMOTO/amanaimages

オーストラリアの歴史が語られた開会式の聖火点灯。最終ランナーはオーストラリアの先住民族アボリジニで、陸上女子400mで金メダルを狙うキャッシー＝フリーマンが務めた

## Column

### アボリジニとオーストラリア

　オーストラリアは1970年代から、かつての白豪主義から一転し、多文化主義を国家の政策として推進してきた。シドニーは開催地に立候補したときから、「アボリジニら先住民に貢献するオリンピックの開催」を約束していた。

　開会式では白人の少女がビーチでうたた寝している間に、太古から続くオーストラリアの歴史を夢見るという演出だった。最終幕では白人の少女とアボリジニの長老が橋の上に並び立ち、民族の和解をメッセージとして表明した。

　アボリジニの聖地を出発点とした聖火のランナーは、第一走者がアトランタ・オリンピックの女子ホッケーでアボリジニとして初となる金メダルを獲得したノバ＝ペリス＝ニーボーン、最終走者がアトランタの陸上女子400mで銀メダルのキャッシー＝フリーマンと、ともにアボリジニから抜擢された。フリーマンは今大会の400mで優勝し、オーストラリア国旗とアボリジニの旗を両方もって、ウィニングランをしたことでも話題となった。

## 国際情勢

**EUROPE**
1997年、EU首脳会談が行われ、政治統合のいっそうの推進を図るためにアムステルダム条約（新欧州連合条約）が調印された。

**ASIA**
1997年7月に香港が、1999年12月にマカオが中国に返還され、それぞれ独立特別行政区となる。

**AMERICA**
1999年12月、パナマがパナマ運河の管理権をアメリカ合衆国から返還される。

# アフリカの動向

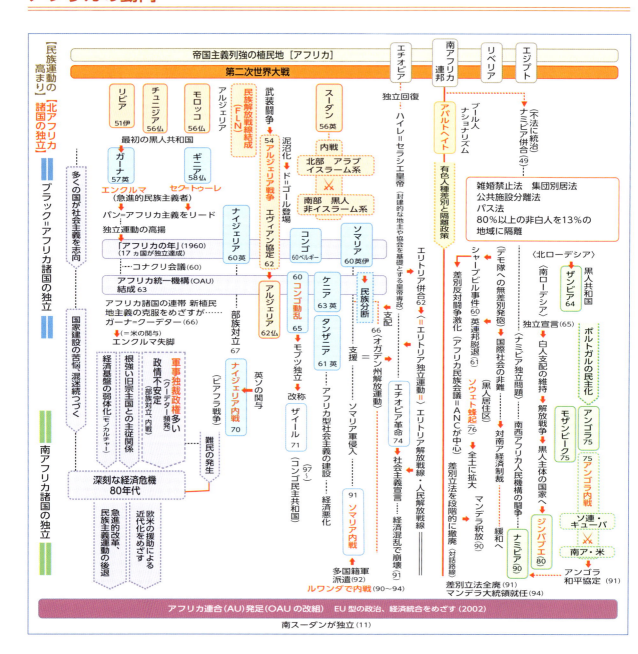

# シドニー大会 2000
## SYDNEY 2000

### AFRICA
モブツ大統領が独裁を続けるザイール共和国で1997年に反政府勢力が首都キンシャサを制圧し、国名をもとのコンゴ民主共和国と変更したが、翌1998年、内戦が再発し、国際紛争に発展した。2002年に和平協定が調印され内戦は終結したが、その後も不安定な状況が続いている。

### OCEANIA
1971年に発足した南太平洋フォーラムが2000年に太平洋諸島フォーラム（PIF）と名称変更し、加盟国が太平洋地域貿易協定を締結。

## CLOSE UP ❶ アフリカの主な紛争地域

### アルジェリア戦争
フランスの植民地支配に耐えかねたアルジェリアの民衆が民族解放戦線（FLN）の指揮のもと武装闘争に立ち上がった。テロやサボタージュによる抵抗運動が頻発したが、独立に抵抗するフランス人入植者や現地軍部との間で激しい武装抗争が続いた。1958年、フランスでド＝ゴール将軍が再登場し首相となると、ド＝ゴール政府はアルジェリアの自決権を承認し、1962年3月に停戦協定を結んだ。同年7月の住民投票を経て、アルジェリアは独立した。

### ナイジェリア内戦（ビアフラ戦争）
1967年、ナイジェリア連邦共和国東部州のイボ族がビアフラ共和国としてナイジェリア連邦からの分離、独立を宣言した。イボ族と北部のハウサ族との対立が原因だった。イギリスとソ連は連邦政府に、フランスがビアフラにそれぞれ軍事援助を行い、戦火が拡大した。多数の戦死者、餓死者を出した末に、ビアフラの臨時政府が陥落し、連邦政府が勝利した。

### 南スーダン分離・独立
スーダンは1956年に独立したが、アラブ系が優勢でイスラーム化を推進する北部と伝統的宗教を信じる人々やキリスト教徒も多い南部で対立関係にあった。2002年、北のスーダン政府と南のスーダン人民解放運動、スーダン人民解放軍との間に和平が成立した。南スーダン自治政府が樹立され、2011年には独立の是非を問う国民投票を実施。その結果、南スーダンは独立を果たした。

### アンゴラ内戦
ポルトガル領アンゴラでは、マルクス主義的なアンゴラ解放人民運動（MPLA）、反共的なアンゴラ民族解放戦線（FNLA）、アンゴラ全面独立民族同盟（UNITA）の3組織が対立しつつも、1975年にポルトガルからの独立を果たした。独立後も3者の対立は収まらず、内戦に発展。アフリカ統一機構によって認められたMPLA政権が社会主義政権路線を放棄し、1991年に和平協定が調印された。その後も何度か内戦は再燃したが、2002年に休戦協定が結ばれ、1975年から数えれば27年におよぶ内戦が終結した。

### ■ コンゴ動乱

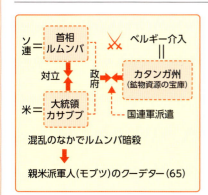

旧ベルギー領コンゴは独立直後から、中央集権を唱えるルムンバ首相と、地方分権主義を主張するカサブブ大統領の間に、鋭い対立があった。カタンガ州のチョンベも地方分権派であり、1960年7月に独立を宣言した。ベルギーは同胞の保護を理由にカタンガ州に出兵し、ウランや銅などの鉱物資源が豊富なその地域を分離させ、その支配をねらった。

内戦が本格化し中央政府内の対立が激化したのをみて、モブツ軍司令官がクーデターで暫定政権を樹立した。スタンリービル（現キサンガニ）への脱出を図ったルムンバ首相が1961年に虐殺され、政情は混迷を極めたが、国連軍が介入し、1963年1月にチョンベがカタンガ分離を撤回し第1次動乱は終わった。その後も反政府勢力がゲリラ闘争で国土の半分を制圧するなどしたが、中央政府はアメリカ、ベルギーの軍事支援を得て、1965年3月までにこれを鎮圧した。

121

# 夏季オリンピック
# アテネ大会

2004 ATHENS 28th SUMMER OLYMPIC GAME

| 開催国 | ギリシア |
|---|---|
| 開催期間 | 8月13日～8月29日 |
| 参加国(地域)数 | 201 |
| 参加選手数 | 10625 |
| 実施競技数 | 28 |
| 実施種目数 | 301 |

大量破壊兵器の保有を理由に2003年4月、米英軍はイラクを攻撃しフセイン政権を倒した。その後もテロが続発し、大量破壊兵器の保有も誤りであったことがわかった（写真は2004年のバグダード）

ZUMA Press/amanaimages

## 大会TOPICS

●近代オリンピックの歴史を演出

1896年の第1回大会以来、108年ぶりに開かれたアテネ大会。開会式では4000年前のクレタ文明時代のギリシャから今に至る歴史絵巻をみせ、表彰される選手にはメダルとともにオリーブの冠が贈られるなど、近代オリンピックの歴史を感じさせる演出が多く行われた。

## 競技TOPICS

●ドーピング違反が横行

男子ハンマー投げで優勝したハンガリーのアヌシュがドーピング検査で失格となり、2位だった室伏広治が繰り上げで金メダリストになった。アヌシュと同じコーチについていた男子円盤投げのファゼカシュも金メダルを剥奪されるなど、アテネ大会では24人のドーピング違反者が確認され、7人がメダルを剥奪された。

## 日本代表TOPICS

●史上最多の37個のメダルを獲得

1984年ロサンゼルス大会は32個だったが、アテネでは金16個、銀9個、銅12個を獲得し、史上最多となった。

●金メダルラッシュ

女子マラソンでは野口みずきが高橋尚子に続いて2連覇。競泳では北島康介が100m・200m平泳ぎで2冠、女子800m自由形の柴田亜衣も優勝。今大会からオリンピック種目となった女子レスリングでは55kg級の吉田沙保里、63kg級の伊調馨が、体操団体総合も28年ぶりに金メダルを獲得した。

●「柔道ニッポン」復活

男子60kg級の野村忠宏の3連覇をはじめ、女子48kg級の谷(田村)亮子の2連覇ほか、男子66kg級・内柴正人、100kg超級・鈴木桂治、女子63kg級・谷本歩実、70kg級・上野雅恵、78kg級・阿武教子、78kg超級・塚田真希と8階級を制し、お家芸復活を印象づけた。

PHOTO KISHIMOTO/amanaimages

今大会から正式種目になったレスリング女子の55kg級で優勝した吉田沙保里が、中京女子大で教えを受けた栄和人監督を肩車する。レスリング女子は48kg級の伊調千春が銀、63kg級の伊調馨が金、72kg級の浜口京子が銅と全階級でメダルを獲得した

朝日新聞社／アマナイメージズ

2002年9月に小泉純一郎首相が訪朝して首脳会談を行い、金正日委員長が日本人拉致の事実を公式に認めた。その後一部の被害者は帰国したが、拉致問題の全面解決には至っていない

## Column

### 絆をつなぐ競泳陣

　競泳の北島康介は、優勝した100m平泳ぎのレース後、「チョー気持ちいい」とコメントして、この年の新語・流行語大賞に選ばれた。4年後の北京でも100m平泳ぎを連覇すると「何も言えねえ」とまた印象的な言葉を口にした。

　北島は2012年ロンドン大会では個人種目でメダルを逃したが、400mメドレーリレーで第2泳者として銀メダルに貢献した。レース後、第3泳者の松田丈志が試合前にメンバーで「康介さんを手ぶらで帰すわけにはいかない」と話し合ったことを明かした。

　さらに4年後のリオ大会では、松田が唯一の出場となる800mリレーに「自分の全キャリアをぶつける」覚悟で挑んだ。松田の思いを知るメンバーは、今度は「丈志さんを手ぶらで帰すわけにはいかない」を合言葉に、ロンドンのドラマを再現し銅メダルを獲得した。

## 国際情勢

**EUROPE**
東欧でコソヴォ紛争やロシアのチェチェン紛争が続くなか、2004年、EUに東欧10ヵ国が正式加盟し、25ヵ国体制が発足。

**ASIA**
2003年、中国で初の有人宇宙船「神舟5号」打ち上げに成功。

**AMERICA**
2001年9月、同時多発テロが勃発し、2003年、アメリカ合衆国がイギリスとともにイラクを攻撃。

## CLOSE UP ①
### 9.11 同時多発テロとアメリカの軍事行動

**アメリカ合衆国とイラクの動向**

| 年 | 月 | 出来事 |
|---|---|---|
| 1979 | 2 | イラン革命成功、イランがイスラーム国家に |
| 1980 | 9 | イラクがイランに侵攻、イラン＝イラク戦争勃発（～88） |
| 1990 | 8 | イラクのフセイン政権がクウェートに侵攻する |
| 1991 | 1 | アメリカ（ブッシュ〔父〕政権）を中心とする多国籍軍がイラクを空襲して湾岸戦争が起こる |
| 2001 | 9 | アメリカで航空機乗っ取りによる同時多発テロ発生 |
|  | 10 | 米英軍が「対テロ」としてアフガニスタン空爆 |
| 2002 | 1 | アメリカのブッシュ〔子〕大統領がイラン、イラク、北朝鮮を「悪の枢軸」と名指し非難する |
|  | 11 | 国連によるイラク査察が4年ぶりに再開される |
| 2003 | 2 | 仏ロ独がイラク査察の継続を要求する<br>世界各地で反戦デモが展開される |
|  | 3 | 米英軍のイラク攻撃（イラク戦争）が始まる |
|  | 4 | 仏ロ中独がアメリカのイラク攻撃に反発する |
|  | 7 | 米英軍がバグダードを制圧、フセイン政権崩壊<br>日本がイラク復興のために自衛隊を派遣することを決定 |
|  | 8 | イラク復興を支援するデメロ国連事務総長特別代表が自爆テロの犠牲となる |

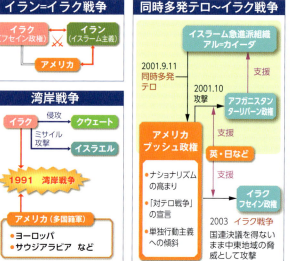

　1979年にイランでイスラーム革命が起こり、イラン＝イスラーム共和国が成立した。イランは欧米諸国との対立も辞さない姿勢を示した。イラクではバース党のサダム＝フセインが同年、大統領となった。1980年、フセインは国境紛争を理由にイランと開戦し、革命の輸出を嫌う湾岸諸王国や西欧諸国の支援を受けて短期決戦をめざすが、イランの士気が高く1988年まで戦いは続いた。

　イラクはアメリカの援助を受けて軍事大国となり、1990年にはクウェートに侵攻した。国際連合の決議によってアメリカ、イギリス、サウジアラビアなどの多国籍軍が編成され、1991年にイラクを攻撃しイラクは敗北した。この湾岸戦争後、ペルシア湾岸地域にアメリカ軍の駐留が続き、パレスチナ問題も未解決のままで、イスラーム急進派のなかでは反米感情が高まっていった。

　2001年9月11日、ニューヨークの貿易センタービルとワシントン近郊の国防総省にハイジャックされた旅客機が激突し、約3000人の市民が犠牲となった。この同時多発テロは、アフガニスタンを拠点とするアル＝カイーダというイスラーム原理主義集団によるものと判明した。国連も安保理決議において武力行使の容認を決議した。アメリカのブッシュ政権はアフガニスタンのターリバーン政権に対し、アル＝カイーダを率いるビン＝ラディンの引き渡しを要請したが拒否されたため、アメリカを中心とする多国籍軍が2001年10月、アフガニスタンとの戦争を開始した。ターリバーン政権はすぐに崩壊し、アフガニスタンに国際連合の主導で暫定政権が成立したが、治安の悪化は続いた。

　さらにアメリカはイラクのフセイン政権が大量破壊兵器をもち、イスラームの急進派勢力と密接な関係にあるため、アメリカの脅威であると判断し、2003年3月にイギリスとともにイラクを攻撃した。国連安保理ではフランスなどが反対して武力行使を容認していなかった。4月にはフセイン政権が崩壊し、米英軍を中心とする占領統治下に置き、日本も復興支援のために自衛隊を派遣した。2004年6月、イラクの暫定政権に主権が委譲されたが、外国軍の駐留や暫定政権に対する反対は続き、治安の安定化への道はまだけわしい。また、ブッシュ大統領が攻撃理由とした大量破壊兵器や急進派勢力との関係も証明されなかった。

# アテネ大会 2004
ATHENS 2004

### AFRICA
2002年7月、アフリカ統一機構(OAU)が発展、改組し、アフリカ連合(AU)が発足。初の首脳会議が南アフリカのダーバンで開催。

### OCEANIA
2001年、太平洋諸島フォーラム加盟国が自由貿易協定(FTA)の締結を原則合意。

## CLOSE UP ❷ 頻発する民族紛争

### 旧ユーゴスラヴィアの民族紛争

### ユーゴスラヴィア紛争

中世以来、オスマン帝国の支配下で民族の混住が進んだ旧ユーゴスラヴィアでは、1980年に指導者チトーが亡くなると、民族対立に起因する連邦制の崩壊が始まった。1991年、スロヴェニアとクロアティアが連邦から離脱を宣言するとこれを認めないセルビアとの間に内戦が勃発し、翌年にはボスニアにも飛び火。NATOが支援するムスリム・クロアティア系住民とセルビア系住民が戦い、内戦の過程でアメリカが主導するNATO軍の空爆を受けたセルビアでは、コソヴォ自治州のアルバニア系住民が独立闘争を展開した。新ユーゴ連邦は2003年に国名をセルビア＝モンテネグロと改称したが、2006年にモンテネグロが独立し、セルビア共和国となった。2008年にはコソヴォもセルビア共和国から独立した。

### チベット問題

清代以来、中国の支配下に置かれながらも自治権を保持してきたチベットは、中華人民共和国へ編入された後、1959年のチベット動乱でチベット仏教最高位ダライ＝ラマ14世がインドへ亡命した。弾圧する中国との関係が悪化し、1980年代以降、分離独立の動きが高まり、2008年のラサの暴動では世界中でチベット支持の運動が起きた。

### チェチェン紛争

ロシアからの離脱を図るチェチェン共和国は1994年から2度にわたりロシアと民族紛争を展開する。1994年12月、ロシア軍がチェチェンに侵攻し、第1次チェチェン紛争が勃発した。チェチェンで産出される原油やカスピ海のバクー油田から通るチェチェン領内のパイプラインなどをロシア側が統制下におこうとしたためである。ロシア軍は首都グロズヌイを制圧したがチェチェン側はゲリラ戦で抵抗を続け、1997年5月、チェチェンの政治的地位を明確にしないまま暫定平和条約が調印された。

1999年8月、チェチェン武装勢力が隣国ダゲスタン共和国を攻撃し、同時期にモスクワでもテロ事件が頻発した。ロシアはこれをチェチェン武装勢力による犯行とみなし、9月、チェチェンへの空爆を開始。2001年にふたたび首都グロズヌイを陥落したが、チェチェン側もゲリラ戦で応じた。また、2002年にはチェチェン武装勢力がモスクワで劇場を占拠して観客を人質にしてたてこもり多くの犠牲者を出すなど、過激なテロが続いた。

### クルド人問題

#### 第一次世界大戦（1914～1918）
- 1919　クルド人、パリ講和会議で独立を訴える

#### 第二次世界大戦（1939～1945）
- 1946　クルディスタン共和国成立（ソ連の支援）
　　　　→12ヵ月で崩壊

#### イラク革命（1958）
- 1975　イラン、イラク、アルジェ合意でクルド人自治を拒否

#### イラン＝イラク戦争（1980～1988）
- 1984　クルド人、反トルコ武装闘争
- 1988　イラク、化学兵器などによりクルド人大量虐殺

#### 湾岸戦争（1991）
- 1991　クルド人、イラク北部で蜂起失敗
　　　　→難民発生（トルコへ50万、イランへ100万）
　　　　クルド自治区成立

#### イラク戦争（2003）
- 2003　クルド人、米軍と共同作戦

現在、クルド人はシリア・トルコ・イラク・イランなどに1500万人以上が居住する。第一次世界大戦後、列強による中近東での国境設定で生み出された多国籍民族である。居住各国で少数派となったクルド人は、自治権拡大、民族独立の運動を展開し、居住各国の政府と抗争となった。

125

# 第29回 2008年

## 夏季オリンピック
## 北京大会

2008 BEIJING 29th SUMMER OLYMPIC GAME

| 開催国 | 中国 |
|---|---|
| 開催期間 | 8月8日～8月24日 |
| 参加国（地域）数 | 204 |
| 参加選手数 | 10942 |
| 実施競技数 | 28 |
| 実施種目数 | 302 |

北京五輪を控えた2008年3月、ラサでチベット独立を求める大規模な暴動が発生。その動きは世界各地に飛び火した（写真はスペインでの抗議デモ）

Sipa Press/amanaimages

### 大会 TOPICS

●経済発展を世界にアピール

アジアでは東京、ソウルに続く3番目の開催となる北京大会。初めてオリンピックを開催する中国は著しい経済発展を誇示するかのように多くの競技場を新設し、なかでも「鳥の巣」と呼ばれた斬新なメーンスタジアムは注目を浴びた。チャン＝イーモウ総監督が指揮した開会式も人海戦術による豪華絢爛な演出で中国の躍進を世界にアピールした。

### 競技 TOPICS

●前人未到の8冠を達成したフェルプス

「水の怪物」と呼ばれるアメリカのマイケル＝フェルプスが競泳でオリンピック最高記録となる8冠を達成し、前回大会と合わせて金14個、銅2個、合計16個のメダル保持者となった。

●史上最速のスプリンター、ウサイン＝ボルト

陸上ではジャマイカのウサイン＝ボルトがカール＝ルイス以来の3冠（100m、200m、4×100m）を獲得。100m、200mは世界新記録だった。

### 日本代表 TOPICS

●チーム力を発揮した競泳陣

競泳の男子100m平泳ぎ、200m平泳ぎの両種目で、北島康介が2連覇を達成した。競泳陣は入賞20を記録し、個人競技ながら代表選手をチームとして強化してきた成果を示した。また、女子レスリング55kg級の吉田沙保里、63kg級の伊調馨、柔道女子63kg級の谷本歩、70kg級の上野雅恵もそれぞれ大会2連覇を果たした。

●上野の413球

今大会で正式種目から外されることが決定していたソフトボールで初優勝した。決勝前日の準決勝のアメリカ戦と3位決定戦のオーストラリア戦、決勝のアメリカと、エースの上野由岐子は2日間で3試合、28イニング413球を一人で投げきり、日本を優勝へ導いた。

メーンスタジアムで高らかに掲揚される中国旗。大会から2年後の2010年には名目GDPで日本を抜き世界第2位の経済大国となった

陸上男子4×100mリレーで銅メダルを獲得した日本チーム。左から末續慎吾、高平慎士、朝原宣治、塚原直貴。メダル獲得は男子のトラック種目で初の快挙だった

無政府状態だったソマリアの近海では海賊行為が横行するように。2008年には国連決議で各国から船舶警備の艦艇が派遣された（写真は2008年に乗っ取られたウクライナ貨物船ファイナ）

2007年の米サブプライム住宅ローン危機をきっかけに世界で株価が暴落（世界的金融危機）。2008年9月には米投資銀行リーマン・ブラザーズが経営破綻し「リーマン・ショック」と呼ばれた

## これまでの日本

| | | | |
|---|---|---|---|
| 1995（平成7） | 阪神淡路大震災 | 2004（平成16） | 陸上自衛隊、イラクに派遣 |
| 1997 | 消費税が5％になる | 2008 | ノーベル物理学、化学賞で日本人4人受賞 |
| 2002 | 日韓共同のサッカーワールドカップ開催 | 2009 | 鳩山由紀夫の民主党連立内閣成立 |
| | 北朝鮮から拉致被害者5人が帰国 | 2010 | 小惑星探査機「はやぶさ」7年ぶり帰還 |

## 国際情勢

**EUROPE**
2007年、EUにブルガリア、ルーマニアが加盟し27ヵ国に拡大し、政治統合への新基本条約（リスボン条約）を採択した。

**ASIA**
2005年、第1回東アジアサミット（EAS）がクアラルンプールで開催。東南アジア諸国連合（ASEAN）10ヵ国に日本、中国、韓国、インドとオーストラリア、ニュージーランドを加えた16ヵ国で構成、2011年から米、ロも参加。

**AMERICA**
2005年にボリビアで先住民族代表のエボ=モラレスが大統領選に当選。翌2006年にはニカラグアで革命の指導者オルテガが大統領

## CLOSE UP ❶
## 中国の台頭

| | 年 | 月 | 出来事 | |
|---|---|---|---|---|
| **毛沢東**（党主席・国家主席）**周恩来**（首相） | 1949 | 10 | 中華人民共和国成立 | 社会主義国家建設 |
| | | 12 | 台湾に中華民国成立 | |
| | 1950 | 2 | 中ソ友好同盟相互援助条約 | |
| | 1953 | 1 | 第1次五カ年計画 | |
| | 1954 | 6 | 平和五原則 | |
| | | 9 | 中華人民共和国憲法公布 | |
| | 1958 | 1 | 第2次五カ年計画 | |
| | | 5 | 「大躍進」運動 | |
| | | 8 | 人民公社の開始 | |
| | 1959 | 3 | チベット反乱（ダライ=ラマ14世、インドに亡命） | |
| | | 12 | 中ソ技術協定破棄 | |
| **毛沢東**（党主席）**劉少奇**（国家主席 1969失脚）**周恩来**（首相） | 1960 | 4 | 中ソ対立の表面化（ソ連の平和共存政策への反論） | 調整政策／プロレタリア文化大革命 |
| | 1962 | 10 | 中印国境紛争激化 | |
| | 1966 | 8 | プロレタリア文化大革命（～76） | |
| | 1967 | 6 | 第1回水爆実験成功 | |
| | 1969 | 3 | 珍宝島（ダマンスキー島）事件（中ソ国境紛争激化） | |
| | | 4 | 毛沢東・林彪体制（江青ら「四人組」の勢力拡大） | |
| | 1970 | 4 | 人工衛星打ち上げに成功 | |
| | 1971 | 9 | 林彪、クーデター失敗 | |
| | | 10 | 国連代表承認（台湾の国連脱退） | |
| | 1972 | 2 | ニクソン大統領訪中、米中共同声明 | |
| | | 9 | 田中角栄首相訪中、日中国交正常化 | |
| | 1976 | 1 | 周恩来死去 | |
| | | 4 | 第1次天安門事件、鄧小平失脚 | |
| | | 9 | 毛沢東死去 | |
| | | 10 | 「四人組」逮捕 | |
| **華国鋒**（党主席）**鄧小平**（最高実力者） | 1978 | 3 | 新憲法公布（「四つの現代化」）、農業、工業、国防、科学技術を近代化 | 四つの現代化と改革・開放 |
| | | 8 | 日中平和友好条約 | |
| | 1979 | 1 | 米中国交正常化 | |
| | | 2 | 中越戦争（～79.3） | |
| | | 4 | 中ソ友好同盟相互援助条約破棄を通告 | |
| **胡耀邦**（党総書記） | 1983 | 6 | 国家主席に李先念就任 | |
| | 1985 | 6 | 人民公社解体 | |
| **趙紫陽**（党総書記） | 1989 | 4 | 胡耀邦死去、追悼学生デモ | |
| | | 5 | ゴルバチョフ訪中、中ソ関係正常化 | |
| | | 6 | 第2次天安門事件 | |
| **江沢民**（国家主席） | 1993 | 3 | 全国人民代表大会、憲法修正（市場経済導入） | |
| | 1997 | 2 | 鄧小平死去 | |
| | | 7 | 香港返還、一国二制度 | |
| | 1999 | 12 | マカオ返還 | |
| | 2001 | 7 | 中ロ友好条約 | |
| | | 12 | WTO（世界貿易機構）加盟 | |
| **胡錦濤**（国家主席）**温家宝**（首相） | 2003 | 4~6 | 新型肺炎（SARS）の流行 | |
| | | 10 | 有人宇宙船打ち上げ成功 | |
| | 2008 | 8 | 北京オリンピック開催 | |
| **習近平**（国家主席） | 2013 | 12 | 無人月探査機が月面着陸に成功 | |
| | 2017 | 10 | 習近平、党大会で「新時代の社会主義国」を築くと表明 | |

### ■社会主義国の建設

日中戦争後の国共内戦の末、中国初の社会主義国家が成立した。「毛沢東思想」に基づいて始められた「大躍進」運動は「15年でイギリスに追いつく」を合言葉に、鉄鋼大増産、人民公社化などが図られたが、農村の荒廃、2000万人の餓死者を出して失敗に終わった。1959年に毛沢東は国家主席を辞任した。

### ■プロレタリア文化大革命

毛沢東から国家主席の座を次いだ劉少奇は、重工業優先、技術優先、エリート尊重などの考えで、しだいに毛沢東と対立した。政権奪回をねらう毛沢東が「絶対に階級と階級闘争を忘れてはならない」と指示したことから始められた「プロレタリア文化大革命」で劉は徹底的な批判を受け、1968年に党を除名された。

文化大革命は毛沢東の側近である王洪文、張春橋、江青、姚文元ら四人組が実質的に指導したとされ、一切の価値を変革すると唱えて、紅衛兵や大衆を動員して、中国全土に広まった。多くの知識人や旧資産家層が激しい迫害のうちに投獄、殺害され、一般にも多くの死者を出した。1976年に毛沢東が死去すると四人組も逮捕され、文化大革命は終焉した。

### ■中国的社会主義へ

「四つの現代化」は1975年の全国人民代表大会（全人代）で周恩来によって提起されたが、文化大革命が続いていたため実行に移されなかった。毛沢東の死後、1978年の全人代で確認され、国民の新しい求心力となった。同年、生産力中心論のもとで形成された基本政策として「改革と開放」が鄧小平によって打ち出され、市場原理や外国資本の導入などにより、中国経済の資本主義化が図られた。また、改革、開放政策は、人権や民主化などの運動の活性化ももたらした。1989年には改革派に支持された胡耀邦の追悼集会を機に、民主化要求を掲げる学生や労働者、市民が天安門広場を占拠したが、戒厳軍が出動して多数の死傷者を出すという事件も起こった。

経済成長を続けた中国は、2008年の北京オリンピックで全世界に国力を誇示した。2010年代に入りその勢いはやや鈍ったものの、大国としての存在感は増している。

# 北京大会 2008
BEIJING 2008

に復活、エクアドルで左派のコレアが大統領選に勝利するなど、南米で反米政権が続けざまに誕生した。
**AFRICA**
2005年11月、リベリア内戦後、初の大統領選挙で国連開発計画（UNDP）アフリカ局長などを務めたサーリーフが当選。アフリカ初の女性大統領が誕生。翌年の大統領就任式で「国民最大の敵である汚職と戦う」と宣言した。
**OCEANIA**
2008年2月、オーストラリア政府がアボリジニ差別政策を初めて謝罪した。

## CLOSE UP ❷ 2008年の世界経済

### 一人あたりの国内総生産

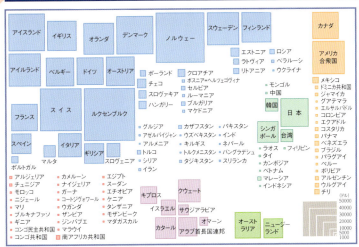

（『詳説世界史B』山川出版社より）

### 冷戦後の世界の変化

#### 世界のGDP合計
世界のGDPは19年間で約3倍になり、世界の富は増加している

1989年 20兆5490億ドル → 2008年 60兆6890億ドル

#### 世界の輸出総額
同じ期間に世界の輸出総額は約5.2倍も伸びている

1989年 3兆980億ドル → 2008年 16兆1270億ドル

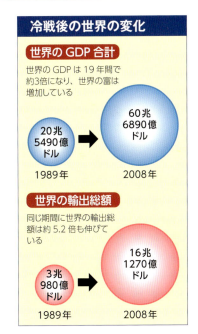

### 主要国の1次エネルギー供給（消費）構成

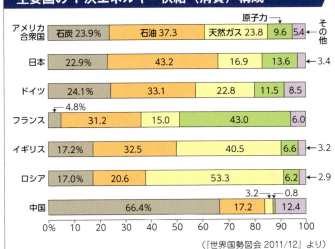

（『世界国勢図会 2011/12』より）

2008年の国内総生産は世界トータルで60兆ドルを超える。そのうち成長著しい中国（香港、マカオ含まず）は、アメリカ合衆国の14兆1000億、日本の4兆9000億に次いで世界第3位の4兆3000億ドルで全世界の7％を超えた。これを1人当たりに換算すると、1位は11万2000ドルでルクセンブルク、2位は9万4800ドルのノルウェーとなり、3300ドルの中国は日本の1/10以下、ヨルダンよりやや少なく、グルジア、コンゴ共和国よりやや多い程度だった。

また、中国はエネルギー消費ではアメリカに次ぐ世界第2位で、石炭の消費量が極端に多くなっている。

# 夏季オリンピック
# ロンドン大会

2012 LONDON 30th SUMMER OLYMPIC GAME

| 開催国 | イギリス |
|---|---|
| 開催期間 | 7月27日～8月12日 |
| 参加国（地域）数 | 204 |
| 参加選手数 | 10568 |
| 実施競技数 | 26 |
| 実施種目数 | 302 |

大会前年の3月11日に発生した東日本大震災では津波などで1万5000人以上の死者を出し、福島第一原発がメルトダウンする大惨事となった（写真は3月17日の気仙沼港）

Polaris/amanaimages

前年のワールドカップ優勝に続いて、今大会でも準優勝に輝いた女子サッカー「なでしこジャパン」

PHOTO KISHIMOTO/amanaimages

### 大会TOPICS
●初の3度目の開催都市となる
ロンドンは3度目のオリンピックを開催する初めての都市となった。全参加国・地域から、男女選手がそろって出場というのも史上初となる記念すべき大会となった。

### 日本代表TOPICS
●史上最多38個のメダルを獲得
レスリング女子で吉田沙保里、伊調馨が3連覇、体操男子で内村航平が日本人28年ぶりとなる個人総合で優勝するなど大活躍し、金7個、銀14個、銅17個、計38個のメダルを獲得し、アテネ大会を上回る史上最多記録となった。

## 第31回 2016年

夏季オリンピック
# リオデジャネイロ大会
2016 RIO de JANEIRO 31st SUMMER OLYMPIC GAME

| 開催国 | ブラジル |
|---|---|
| 開催期間 | 8月5日～8月21日 |
| 参加国（地域）数 | 207 |
| 参加選手数 | 11238 |
| 実施競技数 | 28 |
| 実施種目数 | 306 |

2014年に国家樹立を宣言した過激派組織「イスラム国」(ISIL)はシリア、イラク主要地域を制圧するなどした

Sipa Press/amanaimages

陸上の4×100m決勝でジャマイカのウサイン＝ボルトに次いで2位を争っている日本のケンブリッジ飛鳥。結果は、ボルトが逃げきりジャマイカが金、日本は銀、カナダが銅メダルとなった

ZUMA Press/amanaimages

### 大会TOPICS
●難民選手団の結成
南米での初開催、南半球での開催も1956年のメルボルン、2000年のシドニーに続き3度目の開催だった。内戦や政情不安から他国に逃れたシリアやコンゴなど複数の国の難民で構成された難民選手団が結成され、開会式で最後から2番目、開催国ブラジルのひとつ前で五輪旗を掲げて入場すると盛大な拍手に包まれた。

### 日本代表TOPICS
●女子史上初の4連覇を達成した伊調馨
レスリング女子で伊調馨の女性選手では史上初となる4連覇をはじめ4階級制覇、体操男子では内村航平が個人総合2連覇、団体でも金メダル、競泳では萩野公介が男子400m個人メドレーで日本人初となる金メダルを獲得した。

# 国際情勢

**EUROPE**
2013年、クロアティアが加盟したことによりEU加盟国は28ヵ国に拡大したが、2016年、イギリスが国民投票の結果、EU離脱が決まった。

**ASIA**
2010年、チュニジアで起きたジャスミン革命を発端に、北アフリカから中東のアラブ諸国に「アラブの春」と呼ばれる民主化要求運動が波及。2011年にエジプトでムバラク大統領が辞任に追い込まれ、リビアではカダフィ政権が崩壊した。

## CLOSE UP ① グローバル化する世界

### 主な国際機構と地域統合（2013）

### 労働力のグローバリゼーション

### WTO（世界貿易機関）加盟国（2016）

### 通商の自由化と地域経済連合の結合

|  |  |
|---|---|
| 1944 | ブレトン＝ウッズ協定→IMF・GATT体制 |
| 1947 | GATT（関税と貿易に関する一般協定）調印 |
| 1948 | ヨーロッパ経済協力機構（OEEC） |
| 1949 | 経済援助相互会議（COMECON） |
| 1952 | ヨーロッパ石炭鉄鋼共同体（ECSC） |
| 1958 | ヨーロッパ経済共同体（EEC） |
| 1969 | アンデス共同体 |
| 1986 | GATT ウルグアイ＝ラウンド始まる |
| 1989 | アジア太平洋経済協力会議（APEC）発足 |
| 1994 | 北米自由貿易協定（NAFTA）発足<br>第1回米州会議<br>→米州自由貿易地域（FTAA）構想提唱 |
| 1995 | 世界貿易機関（WTO）発足 |
| 1995 | 南米南部共同市場（MERCOSUR）発足 |
| 1999 | 第1回G20財務大臣・中央銀行総裁会議 |
| 2008 | 第1回G20首脳会議 |

人、モノ、カネが国民国家の枠を超えて活発に移動し、各国の経済を開放し、世界の産業、文化、経済市場の統合が進む現象をグローバリゼーションという。国境の枠を超えるという試みが、ヨーロッパでは経済面から外交や安全保障の共通化、通貨統合へと発展したEU（1993年創設）であり、これをモデルにして、アフリカでも2002年、アフリカ各国の政治的、経済的、社会的な連合をめざしてAUが創設された。東南アジアではEUの全身であるEC成立と同年である1967年から、経済成長、社会・文化的発展の促進などを目的にASEANが創設され、1989年に日本やオーストラリア、アメリカなど環太平洋地域の国々とASEAN諸国が参加して、アジア太平洋地域の持続可能な発展を目的としてAPECが発足した。MERCOSURは1995年、EU型の共同市場として発足したものである。

WTOはGATT（関税及び貿易に関する一般協定）を発展的に解消して、従来よりも包括的な貿易体制の構築をめざした国際機関である。

このように国境の障壁が低くなっていくなかで、人の移動も著しくなり、外国人労働者は受け入れ可能な先進国でどんどん増えている。

# ロンドン 2012・リオネジャネイロ大会 2016
LONDON 2012・RIO de JANEIRO 2016

### AMERICA
2008年、キューバでフィデル=カストロが国家元首である国家評議会議長職を退任し、後任に弟のラウル=カストロが着任。2015年にラウルがアメリカ合衆国のオバマ大統領と首脳会談を行い、54年ぶりに国交を回復した。

### AFRICA
2011年、スーダンから南部スーダンが分離独立し、アフリカ54番目の独立国として南スーダン共和国が誕生。

### OCEANIA
2010年、オーストラリアで労働党党首に選出されたジュリア=ギラードが初の女性首相となる。

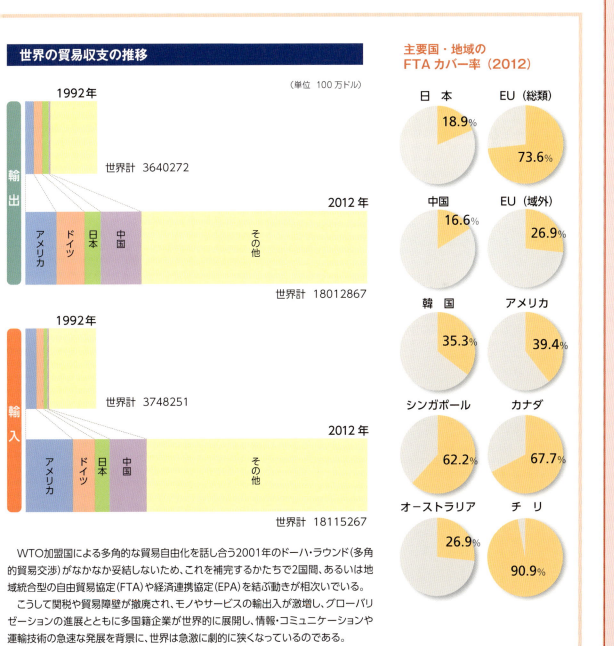

WTO加盟国による多角的な貿易自由化を話し合う2001年のドーハ・ラウンド（多角的貿易交渉）がなかなか妥結しないため、これを補完するかたちで2国間、あるいは地域統合型の自由貿易協定（FTA）や経済連携協定（EPA）を結ぶ動きが相次いでいる。

こうして関税や貿易障壁が撤廃され、モノやサービスの輸出入が激増し、グローバリゼーションの進展とともに多国籍企業が世界的に展開し、情報・コミュニケーションや運輸技術の急速な発展を背景に、世界は急激に劇的に狭くなっているのである。

## この間の冬季オリンピック

### 第16回 1992年 ALBERTVILLE 16th アルベールビル大会

| 開催国 | フランス |
|---|---|
| 参加国（地域）数 | 64 |
| 参加選手数 | 1801 |
| 実施種目数 | 57 |

ソ連邦崩壊と東西ドイツ統合後、初の五輪。旧ソ連諸国の国内オリンピック委員会がIOC未承認のため、ロシアなど旧ソ連6カ国は統一チーム(EUN)として参加。開催期間の延長から、モーグルなど種目が大幅に増加した。日本人では女子スピードスケート1500mの橋本聖子が冬季日本人女性初の銅メダル、ノルディック複合団体で初の金メダル、フィギュアで伊藤みどりが銀メダルと、冬季の最多メダル数を記録した。

### 第17回 1994年 LILLEHAMMER 17th リレハンメル大会

| 開催国 | ノルウェー |
|---|---|
| 参加国（地域）数 | 67 |
| 参加選手数 | 1737 |
| 実施種目数 | 61 |

冬季大会が夏季大会との同年開催から、夏季大会の中間年開催となった最初の大会。開催国ノルウェーの選手が活躍したが、金メダル数ではロシアが上回った。日本勢はノルディック複合で2大会連続の金メダル、ジャンプのラージヒル団体で銀メダルを獲得した。

### 第18回 1998年 NAGANO 18th 長野大会

| 開催国 | 日本 |
|---|---|
| 参加国（地域）数 | 72 |
| 参加選手数 | 2176 |
| 実施種目数 | 68 |

冬季2度目の日本での開催となった。日本からは過去最大となる166人の選手が参加。スキーのジャンプラージヒル団体では前大会の雪辱を果たす金メダルに輝き、スピードスケートでは清水宏保が金と銅、岡崎朋美が銅。ショートトラックの西谷岳文やモーグルの里谷多英が金を獲得するなど、国別メダル数でも過去最高の7位となった。

PHOTO KISHIMOTO/amanaimages

スキージャンプ・ラージヒルで金メダルに輝いた船木和喜（左）と銅メダルの原田雅彦（右）

## 第19回 2002年 SALT LAKE CITY 19th

# ソルトレークシティー大会

| 開催国 | アメリカ合衆国 |
|---|---|
| 参加国（地域）数 | 77 |
| 参加選手数 | 2399 |
| 実施種目数 | 80 |

前年9月11日のアメリカ同時多発テロから5ヵ月余りで、米当局による厳戒態勢下での開催となったが、過去最大規模の参加があった。大会自体は成功したが、同大会招致委員会がIOC委員を買収していた事実が明るみに出たり、大会中はスキーで大量のドーピング違反者が出るなど、負の一面も。日本勢は銀、銅各1個と苦戦した。

## 第20回 2006年 TURIN 20th

# トリノ大会

| 開催国 | イタリア |
|---|---|
| 参加国（地域）数 | 80 |
| 参加選手数 | 2508 |
| 実施種目数 | 84 |

冬季ではイタリアで2度目の開催。金メダル獲得数と総メダル数ではドイツがトップとなった（2位はアメリカ）。日本勢では女子フィギュアの荒川静香が唯一の金メダルを獲得し、アルペン男子回転では2選手が1956年コルチナ・ダンペッツォ大会で銀メダルを獲得した猪谷千春以来の入賞を果たした。

## 第21回 2010年 VANCOUVER 21st

# バンクーバー大会

| 開催国 | カナダ |
|---|---|
| 参加国（地域）数 | 82 |
| 参加選手数 | 2566 |
| 実施種目数 | 86 |

冬季ではカナダで2度目の開催。カナダは開催国として参加したモントリオール夏季大会（1976年）、カルガリー冬季大会（1988年）で金メダルを逃してきたが、この大会では14個を獲得して国別トップとなった。日本勢は金メダルこそゼロだったものの、フィギュア女子の浅田真央が銀、フィギュア男子の高橋大輔が男子初のメダル（銅）を獲得するなど健闘した。

## 第22回 2014年 SOCHI 22nd

# ソチ大会

| 開催国 | ロシア |
|---|---|
| 参加国（地域）数 | 88 |
| 参加選手数 | 2780 |
| 実施種目数 | 98 |

ソ連邦崩壊後では初のロシアでの開催。開催にかかった費用は500億ドル以上と推定され、冬季五輪史上最も高額と報じられた。一方で放映権料も過去最高の約12億9000万ドルに達した。国別金メダル数ではロシアがトップとなった。日本勢ではフィギュア男子で羽生結弦が金メダルを獲得、ジャンプでは41歳の葛西紀明の銀メダルなど、金1銀4銅3という成績だった。

■編集協力／水島吉隆

■装丁・レイアウト／グラフ（新保恵一郎）

■写真／アマナ、文殊社
■図版出典／『詳説世界史図録』、『世界史図録ヒストリカ』（山川出版社）

**歴代オリンピックでたどる世界の歴史**

| | | |
|---|---|---|
| | 編　　　者 | 「歴代オリンピックでたどる世界の歴史」編集委員会 |
| | 発　行　者 | 野澤伸平 |
| 2017 年 12 月　5 日　第 1 版第 1 刷印刷 | 発　行　所 | 株式会社山川出版社 |
| 2017 年 12 月 15 日　第 1 版第 1 刷発行 | | 〒101-0047　東京都千代田区内神田 1-13-13 |
| | | 電話 03(3293)8131（営業） |
| | | 電話 03(3293)1802（編集） |
| | | 振替 00120-9-43993 |
| | 企画・編集 | 山川図書出版株式会社 |
| | 印刷・製本 | 図書印刷株式会社 |

落丁本、乱丁本などがございましたら、小社営業部宛にお送りください。送料小社負担にてお取り替え致します。
© 山川出版社　Printed in Japan　ISBN978-4-634-15125-3